The CURVY WAY of Life

CAROLA NIEMANN • CHRISTINE MORTAG

The CURVY WAY *of Life*

MIT FOTOGRAFIEN VON
TONYA MATYU

KNESEBECK

Inhalt

‘Ich weiß, dass
meine Kurven
sexy sind und
ich möchte alle
wissen lassen,
dass es ihre
auch sind’

| **ASHLEY GRAHAM** IM MAGAZIN US |

Danksagungen stehen üblicherweise am Ende eines Buches. Wir möchten damit beginnen. Wir möchten uns bedanken bei elf tollen, inspirierenden Frauen und einem tollen und inspirierenden Mann. Dafür, dass wir sie für dieses Buch treffen durften und sie uns ihre Geschichte erzählt haben. Ohne sie hätte es weder dieses Buch noch die Idee dazu gegeben. Sie alle haben uns in ihr Leben gelassen, sie haben uns gezeigt, wie sie wohnen, womit sie sich beschäftigen, was ihnen wichtig ist und in welchen Looks sie sich wohlfühlen, eingefangen von den sehr persönlichen Fotos unserer Fotografin Tonya Matyu.

Die Frauen und der Männer in diesem Buch haben uns von ihren Erfahrungen erzählt und davon, wie sie zu den Menschen wurden, die sie heute sind. Die Sängerin Alina Wichmann oder die Schauspielerin Thelma Buabeng haben sich mit ihrem Beruf ihre Kindheitsträume verwirklicht, andere wie Tanja Marfo oder Caterina Pogorzelski sind beruflich einige Umwege gegangen, um ans Ziel zu gelangen. Herausgekommen sind spannende, berührende, mutmachende Geschichten von großartigen, einzigartigen Menschen – jede davon ist es wert, erzählt und gezeigt zu werden.

Wir beide arbeiten schon lange im Magazinjournalismus. Neben vielen tollen Erlebnissen waren es vor allem immer Menschen und ihre Geschichten, die uns begeistert haben. Immer wollten wir wissen, wie machen andere das? Wie haben andere das geschafft? Dabei ist es völlig egal, ob jemand Bäckerin oder Börsenmanagerin ist. Weil jede und jeder, egal, ob berühmt oder nicht, eine spannende Geschichte zu erzählen hat.

Als wir uns überlegten, wie wir dieses Buch aufziehen wollen, war uns also klar: Es sollte kein klassischer Ratgeber werden, keine soziologische Abhandlung und auch kein Buch mit Styling-Tipps. Nein, es sollte ein Buch der Begegnungen werden, wir wollten Menschen treffen, die uns ihren Weg beschreiben, die Mut machen, die uns zum Staunen anregen und zum Nachdenken. Vor allem aber wollten wir Menschen den Raum und die Sichtbarkeit geben, den sie längst verdient haben.

In einem Buch, das »The Curvy Way of Life« heißt, haben wir, wie man sich denken kann, Frauen und einen Mann versammelt, die curvy sind. Natürlich kann man sich fragen, warum ein Buch über Menschen, die eine größere Kleidergröße tragen? Muss das sein? Ja, muss sein. Leider. In einer Gesellschaft im 3. Jahrtausend sollte es doch eigentlich selbstverständlich sein, dass dickere Menschen genauso wahrgenommen werden wie jede und jeder andere auch, doch so ist es nicht. In nahezu allen unseren Gesprächen ging es immer wieder um mangelnde öffentliche und mediale Repräsentanz.

Und das ist paradox: 60 Prozent der deutschen Frauen haben eine Kleidergröße 42/44 und größer und trotzdem würde oft so getan, sagt Julia Kremer, als führten wir ein Nischendasein. Als seien wir nur eine Minderheit, die möglichst unsichtbar sein sollte. Oder sich unter wallenden Gewändern verstecken sollte, um die Rundungen zu »kaschieren«.

Man muss nur mal in einer x-beliebigen Stadt in diesem Land auf die Straße gehen. Dort sehen wir ganz unterschiedliche Menschen mit unterschiedlichen Hautfarben und ganz unterschiedlichen Körpern: mal größer, mal kleiner, mal dicker, mal dünner, mal heller, mal dunkler. Ein Abbild der Gesellschaft. Und dann macht man den Fernseher an oder blättert in einer Zeitschrift – und was sehen wir dort? Verschiedene Menschen, aber sehr viele sehr gleiche Körper, große, schlanke Frauen, alle durchtrainiert. Hautfarbe: überwiegend weiß.

Das Verrückte ist, nur eine von 40.000 Frauen hat die perfekten Maße und entspricht dem propagierten Schönheitsideal. Trotzdem denken viele, schlank und dünn, das sei der

Normalzustand, dabei ist der perfekte Körper die absolute Ausnahme. Nur die Medien und die Industrie wollen uns immer wieder etwas anderes weismachen. Wie der weibliche (und auch männliche) Körper dort noch immer überwiegend dargestellt wird, hat mit der gesellschaftlichen Realität wenig zu tun.

Mir, Carola, ging es nicht anders. Ich habe jahrzehntelang als Modechefin für Frauenmagazine und auch den Playboy gearbeitet, habe unzählige Models für Modeshootings in Größe 36 eingekleidet und fand das lange Zeit völlig normal. Bis ich mich irgendwann fragte: Moment mal, wo ist eigentlich die Mode für kurvige Frauen, für Frauen wie mich? Damals gab es wenig schöne Vorbilder, wenig tolle Fotostrecken oder Inspirationen modischer Art für normale Frauen. So bin ich 2017 auf die Idee gekommen, das Curvy Magazine zu gründen, das erste Magazin für kurvige Frauen. Ich sagte mir, wenn die Modebranche uns schon nicht wahrnimmt, dann müssen wir eben selbst dafür sorgen.

Ja, es hat sich etwas getan in den vergangenen Jahren. Auf den Laufstegen werden die Models diverser, das ist auch Frauen wie Tanja Marfo zu verdanken, die in Hamburg die Plus Size Fashion Days ins Leben rief. In Filmen sieht man häufiger Charaktere, die der gesellschaftlichen Diversität angepasst sind, Modefirmen erweitern ihr Sortiment. Aber, wie auch Influencerin und Coach Caterina Pogorzelski sagt, »es ist noch viel Luft nach oben«. Wie sie haben auch die anderen Frauen und der eine Mann mit viel Mut und ihrem unermütlichen Engagement dazu beigetragen, dass sich Sehgewohnheiten ändern und die Diversität der Gesellschaft endlich auch stärker in den Medien sichtbar wird.

Mit diesem Buch wollen auch wir dazu beitragen, dass endlich alle Menschen gesehen, verstanden und repräsentiert werden, völlig egal, wie sie aussehen und in welchem Körper sie stecken. Egal, ob klein oder groß, dick oder dünn. Damit das Selbstverständliche endlich auch wirklich selbstverständlich wird.

»The Curvy Way of Life« ist ein Buch der Begegnungen geworden. Begegnungen, die uns berührt, in Erstaunen versetzt und uns noch einmal ganze neue Facetten des Themas vor Augen geführt haben. Vor allem aber haben unsere elf Frauen und der eine Mann gezeigt, wie unglaublich wichtig gegenseitige Unterstützung und Empowerment sind.

‘Mein Glaube hilft mir in jeder Hinsicht. Er gibt mir Halt und ein Gefühl der Zugehörigkeit’

ISI AHMED

Stylistin | Model | Influencerin

»Your favorite halal girl«, so nennt sich Isi Ahmed auf ihrem Instagram-Account. Die Muslima arbeitet in Berlin als Model und Stylistin. Mindestens so wichtig wie ihre Arbeit ist ihr, andere muslimische und schwarze Frauen zu ermutigen, dass sie trotz aller Vorurteile ihrem Traumjob nachgehen können.

Wenn Frauen etwas gern sammeln, dann sind das Handtaschen und Schuhe. So besagen es zumindest das Klischee und Serien wie »Sex and the City«. Auf Isi Ahmed trifft das nur teilweise zu. Die vielen Schuhe sind bei ihr Sneakers, die sich in ihrem großen, hellen Schlafzimmer in ihrer Charlottenburger Wohnung in Kartons stapeln oder akkurat nebeneinander aufgereiht sind. Und statt Handtaschen sammelt sie Kopftücher. Aber nicht aus modischen, sondern religiösen Gründen. Kopfbedeckung und Kleidung, die bestimmten Regeln des Islams folgt, sind für die Muslima Zeichen der tiefen Verbundenheit mit ihrem Glauben. Seit fünf Jahren lebt Isi Ahmed nun schon in Berlin, ihre Eltern stammen aus Somalia, sie ist in Italien, in Turin, geboren und in Darmstadt aufgewachsen. Die gelernte Gestalterin für visuelles Marketing arbeitet als Stylistin und Model, präsentiert sich und ihre Looks selbstbewusst auf ihrem Instagram–Account. Doch bei allem, was die 24-Jährige macht, geht es ihr nicht nur um Mode oder Selbstdarstellung. Isi möchte aufmerksam machen, möchte, dass Menschen wie sie gesehen, gehört und verstanden werden. Sie setzt sich für ihre Community ein und hat an verschiedenen Solidaritätskampagnen teilgenommen, zum Beispiel mit der deutschen Vogue. Dabei verfolgt sie immer ein klares Anliegen: Andere schwarze, muslimische Frauen zu ermutigen, sich zu zeigen und an sich zu glauben.

Du trägst nicht nur privat, sondern auch als Model vor der Kamera Kopftuch. Zudem hast Du Dich als Stylistin auf Modest Styling spezialisiert. Warum?

Ich trage seit über zehn Jahren einen Hijab, auch bei meinen Modeljobs achte ich darauf, dass ich meine Werte vertreten und Kopftuch tragen kann. Durch das Modeln habe ich gemerkt, dass es Bedarf im Hinblick auf Modest Styling gibt. Gleichzeitig wissen die wenigsten Stylisten, was das in der konkreten Umsetzung bedeutet und was sie bedenken sollten, wenn ein muslimisches Model Hijab trägt und sich bedeckt kleidet.

Worauf sollte beim Modest Styling geachtet werden?

Es ist nicht nur das Kopftuch, der Hijab, allein. Man sollte möglichst wenig Haut sehen, Arme und Beine sind bedeckt. Ein Top mit Spaghettiträgern käme also nicht in Frage, genauso wenig wie Minikleider und Miniröcke. Tiefe Ausschnitte vorne und am Rücken sind genauso tabu wie eng anliegende Tops und nackte Schultern und Rücken.

Welche Erfahrungen hast Du gemacht und was machst Du bei Deinen Stylings anders?

Für mich ist es ein Zeichen von Respekt, mich vorher mit der Person auseinanderzusetzen, mit der ich arbeite. Was ist ihre Backstory? Was ist ihr wichtig? Worauf muss ich achten? Das habe ich bei meinen Modeljobs oft vermisst. Es sind oft Unachtsamkeiten, an die keiner denkt. Bei Shootings wurde oft vergessen, dass für einen vollständigen Look für mich auch ein passendes Kopftuch dazugehört. Stattdessen bekam ich irgendwelche Tücher oder Stoffbahnen, aus denen ich mir ein Kopftuch binden sollte. Oder wie oft hatten die Visagisten kein Make-up im richtigen Hautton für mich dabei. Mit der üblichen Foundation für Menschen mit heller Haut kann ich ja nichts anfangen. Lange Zeit habe ich beides selber mitgebracht, aber irgendwann war mir das zu blöd. Es kann nicht sein, dass wir die anderen jedes Mal darüber aufklären müssen, was korrekt ist und was nicht. Man kann sich doch auch selber informieren. Bei meinen Stylings bespreche ich solche Sachen ganz konkret im Vorfeld.

Man sieht jetzt auch öfter Schauspielerinnen oder prominente Frauen bei öffentlichen Auftritten mit Kopftuch.

Ja, es werden mehr, doch es ist noch viel Luft nach oben. Ich würde mir wünschen, dass sich noch mehr Frauen trauen, bei solchen Anlässen Hijab zu tragen, aber noch fehlt die bedingungslose gesellschaftliche Akzeptanz. Darum ist es so wichtig, dass wir uns zeigen und gesehen werden. Auf den Straßen gehören kopftuchtragende Frauen zum Stadtbild, es gibt auch mehr Serien oder Filme, in denen wir Schauspielerinnen mit Hijab sehen, aber was spielen sie? Krankenschwestern oder Verkäuferinnen. Eine Richterin oder eine Bankenchefin ist eher selten dabei.

Überall in ihrer Berliner Wohnung ist Isi Ahmed präsent: Auf Zeichnungen oder Mode- und Beautyshootings. Sie ist ein gefragtes Model.

Du bist in Darmstadt aufgewachsen, hast in Berlin eine Ausbildung zur Gestalterin für visuelles Marketing gemacht und wurdest als Model entdeckt. Wie kam es dazu?

Ich habe zwar immer gern Fotos von mir für Instagram gemacht, konnte mir aber überhaupt nicht vorstellen, als Model zu arbeiten. Meine Freundin hat mich überredet und ich bekam einen Vertrag mit einer Modelagentur. Damit begannen aber auch die Diskussionen und Kämpfe. Die Jobs ließen sich nicht immer mit meinen Vorstellungen und Prinzipien vereinbaren. Darum manage ich mich mittlerweile selber.

Was ist Dir wichtig bei Deinen Jobs?

Mir ist es wichtig, dass sie meinen Werten entsprechen. Ich achte darauf, für wen ich etwas mache und ob es einen Mehrwert dabei gibt. Ich lehne Anfragen ab, wenn ich das Gefühl habe, ich werde nur gebucht, weil ich schwarz und muslimisch bin. So nach dem Motto: Seht her, wir setzen uns gegen Rassismus ein, wir sind so bunt und divers, wir nehmen jetzt mal eine schwarze Muslima, die Kopftuch trägt. Es ist natürlich gut, dass mehr auf Diversität geachtet wird, aber die Unternehmen müssen auch intern gucken, wie divers sie wirklich sind.

Was bedeutet es Dir, ein Kopftuch zu tragen?

Wie die meisten Muslima trage ich es aus religiösen Gründen. Damit zeige ich auch nach außen die Verbundenheit mit meinem Glauben. Ich habe mich schon als Jugendliche viel mit unserer Religion auseinandergesetzt und konnte kaum erwarten, bis ich endlich einen Hijab tragen konnte. Ich war damals 15 und meine Eltern fanden es zu früh. Sie wollten mich schützen. Meine Mutter meinte, als Schwarze sei ich so schon sichtbar benachteiligt. Mit Hijab würde ich noch mehr mit Diskriminierung zu kämpfen haben. Mittlerweile sind sie aber stolz, dass ich das so konsequent durchgezogen habe.

Wie waren damals die Reaktionen in der Schule?

Als ich nach den Herbstferien mit Kopftuch in der Schule auftauchte, war meine Lehrerin schockiert und rief meine Mutter an. Die musste ihr erklären, dass ich es freiwillig und auf eigenen Wunsch tragen möchte. Dann kam auch jeder damit klar. Später im Berufsleben hatte ich das Glück, dass ich nie wegen des Kopftuchs abgelehnt wurde. Es kommt sicher auch auf die Branche an. Ich kenne viele kopftuchtragende Frauen, die auf

Sich für Feminismus einsetzen und gleichzeitig ein Kopftuch tragen, das ist für mich kein Widerspruch.

Lehramt studieren und hinterher den Beruf nicht ausüben können, wenn sie im Unterricht Kopftuch tragen wollen. Das ist hart, wenn man sich zwischen dem Traumberuf und einem Kleidungsstück entscheiden muss.

Stört es Dich, wenn jemand, der sich mit dem Thema nicht auskennt, nachfragt?

Nein. Es ist immer besser, sich zu informieren. Die meisten Vorurteile entstehen durch Nichtwissen. Mich nervt nur, wenn andere glauben, das Kopftuch sei ein modisches Accessoire. Wie die meisten Muslima in Deutschland, laut Studie 97 Prozent, trage ich es aus religiösen Gründen. Manche verstehen nicht, wie man sich für Feminismus einsetzen kann und gleichzeitig ein Kopftuch trägt. Für mich ist das überhaupt kein Widerspruch.

Gleichzeitig hast Du schon früh Deine Leidenschaft für Mode entdeckt und Dich mit modester Kleidung auseinandergesetzt.

Vorher musste ich mir keine Gedanken machen, was ich anziehe. Als ich anfing, Kopftuch zu tragen, habe ich verstärkt nach Kleidung gesucht, die modisch, aber auch religiös korrekt ist. Da fiel mir auf, wie wenig in der westlichen Modewelt an Musliminnen gedacht wird. Und natürlich ist das nicht schön, wenn Du mit Deinen Bedürfnissen fast keine Rolle spielst, weder in den Zeitschriften noch in den Läden. Also durchforstete ich sämtliche Kleiderschränke der Familie und habe vorhandene Stücke umgenäht. Ich schnitt T-Shirts auseinander und nähte sie als Ärmel an ein Kleid mit Spaghettiträgern oder verzierte langweilige Hosen mit Knöpfen und Nieten. Das sah nicht immer toll aus, aber je länger ich mich damit beschäftigte, desto erfinderischer wurde ich. Oder ich habe meine Sachen mit Hemden und Jacken aus Papas Kleiderschrank kombiniert.

Woher kommt Dein Interesse für Mode?

Von meiner Mutter. Sie ist sehr modebegeistert und näht vieles selbst. Ihr Stil ist schlicht, aber sehr modern. Sie hat mir und meinen Cousinen früher immer die Haare geflochten und uns coole Looks verpasst. Je älter ich werde, desto cooler finde ich meine Mama.

Wo wirst Du heute modisch fündig?

Meine Mutter hat früher viel in arabischen oder marokkanischen Shops eingekauft, heute findet man in den größeren Städten mehr und mehr Modest Fashion Stores. Dort kaufe ich oft meine Kopftücher und Kleider, aber nicht alle. Man kann sich auch mit gängigen Marken modest stylen, muss aber ein wenig aufpassen. Viele Stücke haben mit Modest Fashion nichts zu tun. Sie sind

Aus religiösen Gründen trägt Isi Ahmed ein Kopftuch und kleidet sich modest, also bedeckt. Gern in weichen, femininen Farben.

Was ist eigentlich Modest Fashion?

Damit ist eine Art der Bekleidung gemeint, die auch als »bedeckende und bescheidene Mode« bezeichnet wird. Kleidung also, die weniger Haut zeigt und den weiblichen Körper verhüllt. Arme, Beine, Ausschnitt und Haare sind bedeckt, die Stoffe sind weit fließend und nicht zu durchsichtig. Häufig wird Modest Fashion als muslimische Mode bezeichnet, weil Musliminnen den größten Teil der Trägerinnen ausmachen. Tatsächlich aber hat modeste Kleidung keine feste Zugehörigkeit zu einer Religion oder Kultur. Modest Fashion ist religionsübergreifend und spricht sowohl muslimische, wie auch christliche, jüdische oder hinduistische Frauen an, die sich, meist aus religiösen Gründen, bedeckt kleiden wollen. Aber auch im Islam gibt es keine oberste Religionsinstanz, die die Dresscodes eindeutig definiert. Wie die Frau sich kleidet, ist ihre ganz persönliche Entscheidung. Darum lasse die Kleidung auch keine Rückschlüsse über den Stand der Emanzipation ihrer Trägerin zu, sagt die Islamwissenschaftlerin Silvia Martens von der Universität Luzern. Modisch wurde der Markt für bedeckte Kleidung lange vernachlässigt. Das hat sich in den vergangenen Jahren geändert. Immer mehr Labels haben sich auf Modest Fashion spezialisiert.

DEUTSCHLAND

Mizaan: Die in Algerien geborene Designerin Meriem Lebdiri war 2012 eine der ersten, die hierzulande mit Mizaan eine Marke für Modest Fashion etablierte. Sie ist in Mannheim angesiedelt und ihre Kollektionen sind bunt, stylisch, hochgeschlossen und aus fließenden Stoffen.

Lia: Sara Naggar hat vor acht Jahren ihr Label Lia in Berlin gegründet. Sie lässt in der Türkei produzieren und entwirft Mode für Frauen, die keine Lust haben, viel Haut zu zeigen. Unabhängig von der Religion.

INTERNATIONAL

Silq Rose mit Firmensitz in Doha ist spezialisiert auf Hijabs und stellt diese aus atmungsaktiven Materialien wie Bambus-Viskose her.

Nesma Studio aus Bahrain ist geprägt von marokkanischer Kultur, der Heimat der Designerin Haya Khalifa.

Privé Hijab ist ein muslimisches Unternehmen, das in den USA gegründet wurde. Markenzeichen sind vor allem Hijabs aus bunter Biobaumwolle.

Sei Sorelle Swimwear ist die Marke von sechs Schwestern aus Italien, die verhüllende Bademode aus recycelten Stoffen herstellen.

dann zwar lang und fließend, aber zu durchsichtig oder von schlechter Qualität. Es gibt auch immer mehr Designerinnen, die sich auf bedeckte Kleidung spezialisiert haben. In Frankfurt die Designerin Sara Naggar mit ihrem Label Lia zum Beispiel oder Meriem Lebdiri aus Mannheim.

Wie würdest Du Deinen Stil beschreiben?

Ich bin kein Fan von High Fashion. Mein Stil ist eine Mischung aus Streetstyle und chic. Urban, aber auch elegant. Ich mag monochrome Looks in Nude-Tönen, bin nicht der Typ für wilde Muster. Kopftücher trage ich gern farblich passend zum Outfit. Das Wichtigste aber: Mit meiner Kleidung möchte ich meine Identität, meine Werte und meine Persönlichkeit unterstreichen.

Was hat Dein Selbstbewusstsein gestärkt?

Ich bin in Darmstadt in einer Gegend aufgewachsen, in der fast nur People of Color wohnen. Da fiel ich nicht weiter auf. Meine Eltern und Verwandten haben mich immer in dem, was ich tat, motiviert. Aber wenn ich meinen Glauben nicht hätte, wäre ich nicht die Person, die ich jetzt bin. Er hilft mir in jeder Hinsicht, gibt mir Halt und ein Gefühl der Zugehörigkeit. Meine Mitbewohnerin sagt oft: »Ich bewundere dich dafür, dass du im Frieden mit dir selbst bist – das hast du von deiner Religion.« Mir war das vorher gar nicht so bewusst.

Wie praktizierst Du Deinen Glauben?

Der Islam, wie ich ihn kennengelernt habe, lehrt mich Frieden, und das erfüllt mich als Person. Ich bete jeden Tag. Und mein Kopftuch beschützt mich nicht nur, es erinnert auch daran, mich korrekt zu verhalten.

Wie gehst Du mit Anfeindungen um, wie schützt Du Dich davor?

Wenn Themen wie Rassismus in den sozialen Medien gerade viral gehen und ich merke, das tut

---

BEST OF … ISI AHMED

SOCIAL MEDIA:

Auf ihrem Instagram-Account @isiqu will Isi Ahmed anderen Frauen Mut machen, zeigt sich ausschließlich mit Kopftuch und postet Mode- und Beautyfotos von privaten Shootings oder ihren vielen Kooperationen etwa mit Adidas oder C & A.

Mitten in der geschäftigen Hauptstadt hat sich Isi auf ihrem Balkon einen kleinen, gemütlichen Rückzugsort geschaffen.

> **‘Man sollte Betroffenen von Rassismus nicht einreden, dass Rassismus doch gar nicht existiert.**

mir nicht gut, weil ich emotional nicht stabil bin oder durch bestimmte Bilder verletzt werde, dann klinke mich vorübergehend aus. Ich versuche, auf meine mentale Gesundheit zu achten und das Beste für mich rauszuziehen. Gleichzeitig kenne ich das Bedürfnis, meine Stimme zu erheben und für unsere Community sprechen zu wollen. Aber mir ist auch klar: Ich kann in diesem Moment nicht für die gesamte Community sprechen, sondern nur für mich selbst.

Was können wir alle gegen Rassismus und Diskriminierung tun?

Jeder ist gefragt, jeder kann sich weiterbilden. Höre den Minderheiten zu, nimm sie ernst. Man sollte Betroffenen von Rassismus bitte nicht einreden, dass Rassismus doch gar nicht existiert. Und schon gar nicht sollen uns weiße Menschen erklären, was Rassismus ist. Weiße erleben nicht das, was wir als People of Color in dieser Gesellschaft erleben. Und sie können nicht nachvollziehen, wie es sich anfühlt, anders als andere behandelt zu werden.

Auf Deinem Instagram-Account bezeichnest Du Dich als »your favorite halal girl«. Siehst Du Dich als Vorbild?

In erster Linie mache ich den Account für mich, aber es freut mich natürlich, wenn ich mit meiner Arbeit andere Frauen inspirieren kann. Natürlich geht es um Mode, aber mit meinen Beiträgen möchte ich auch andere muslimische Frauen unterstützen und ihnen Mut machen, sich zu zeigen. Keine Frau, die ein Kopftuch trägt, sollte sich verstecken müssen.

Worauf bist Du stolz?

Hätte mir jemand vor fünf Jahren gesagt, dass ich in Berlin leben und mein Geld als Model und Stylistin verdienen werde, hätte ich ihn oder sie für verrückt erklärt. Jetzt lebe ich meinen Traum und hoffe, dass ich mit gutem Beispiel vorangehe und vermitteln kann: Bleib dir selbst treu. Du musst dich nicht verstellen, um anderen zu gefallen. Wir Frauen sollten alles tun dürfen, was wir wollen, ohne dafür verurteilt zu werden. Sei die Person, die du sein willst und du wirst deinen Weg gehen.

‘Kein anderer kann einen glücklich machen. Dafür muss man schon selber sorgen’

PAULA LAMBERT

Beziehungsberaterin | Bestsellerautorin | Sex-Expertin

Wer sich selbst nicht liebt, den kann auch kein anderer lieben, sagt Paula Lambert. Sie muss es wissen. Seit mehr als 20 Jahren schreibt und spricht die Bestsellerautorin und Beziehungsratgeberin sehr offen und locker über Sex, Liebe und Partnerschaft. In ihren Büchern und Sendungen macht sie anderen Mut, eigene Grenzen zu überwinden und Selbstzweifel für immer loszuwerden. Dann klappt das auch mit dem erfüllteren Leben – nicht nur beim Sex.

Großes Haus, großer Garten, zwei große Hunde, drei Katzen und auf dem Esstisch stapeln sich jede Menge Papiere, Bücher und mindestens zwei Laptops. Das sieht nach sehr viel Arbeit aus. Paula Lambert scheint das nicht zu schrecken. Erstmal müssen sowieso die beiden Labradoodles raus, Spotty und Snoopy. Es geht eine Runde um den See, um einen von den vielen kleinen Seen in Berlin, eine halbe Stunde Fußmarsch.

Man kann es nicht anders sagen: Für Paula Lambert, geboren 1974 in Bonn, läuft es richtig gut. Im Fernsehen moderiert sie die Sendung »Paula kommt – Sex und gute Nacktgeschichten«, jede Woche nimmt sie eine neue Folge für ihren »Podcast des Scheiterns« auf und sie schreibt ein Buch nach dem anderen. Zuletzt ist ihr Ratgeber »Geh schon mal in dich, das Glück kommt dann nach« erschienen, in dem es wie meistens bei ihr um Liebe und Beziehungen zu sich und anderen geht. Und weil sie so offen über Sex, Lust und Leidenschaft schreibt und spricht, wurde sie zu Deutschlands bekanntester Sex-Expertin, ein Titel, den die gelernte und preisgekrönte Journalistin eigentlich nicht mag. Angefangen hat alles mit einer Sexkolumne, die sie mehr als 12 Jahre für das Männermagazin GQ schrieb. Die Kolumne wurde Kult, und Paula Lambert, die mit richtigem Namen Susanne Frömel heißt, kann sich seitdem vor Aufträgen und Anfragen kaum retten. Woher sie die ganze Energie nimmt und wie sie das alles wuppt, weiß sie manchmal selber nicht, sie hat ja auch noch zwei Söhne im Teenageralter und ist seit kurzem wieder Single. »Manchmal«, sagt sie, »bin ich schon froh, wenn ich es schaffe, täglich zu duschen.« Aber das sei völlig okay, denn auch darum geht es in ihren Büchern: dass niemand perfekt ist und es auch nicht sein muss. Obwohl Paula Lambert schon ziemlich nah dran ist an der Perfektion: In ihrem Regal sind sogar die Bücher nach Farben geordnet. Wir reden jetzt aber lieber über Sex und Beziehungen.

Haben schöne Menschen besseren Sex?

Nein. Es haben die Menschen guten Sex, die sich absolut dem Moment hingeben können, die mit sich im Reinen sind und die begriffen haben, dass die Qualität des Liebesakts überraschend wenig mit dem Aussehen zu tun hat. Viele Frauen denken, sie seien für ihren Partner attraktiver, wenn sie eine schmale Taille und straffe Haut haben, aber das stimmt nicht. Begehren funktioniert nun mal anders, über Emotionen, über Assoziationen, die jemand bei uns auslöst.

Verderben sich Frauen gerade beim Sex oft den Spaß, weil sie sich zu viele Gedanken um ihr Aussehen machen?

Ja. Leider. Die Figur ist für Frauen deshalb so ein großes Thema, weil sie immer noch viel zu sehr über ihren Körper bewertet werden. Während Männer sich viel mehr über ihren beruflichen und finanziellen Status definieren dürfen. Ein dicker Bauch galt ja früher regelrecht als Statussymbol. Er zeigte, dass sich der Mann ordentlich was leisten konnte. Darum haben Männer bis heute kein Problem damit, ihren Bauch beim Sex so richtig schön raushängen zu lassen.

Kann Sex helfen, ein positiveres Körpergefühl zu entwickeln?

Wenn man jemanden findet, der einen liebt, begreift vielleicht auch ein Mensch mit mangelnder Selbstliebe, dass etwas Liebenswertes an ihm ist. Aber dennoch muss man erst einmal allein lernen, sich selbst wertzuschätzen und zu akzeptieren. Kein anderer kann einen glücklich machen, dafür muss man schon selber sorgen.

Warum meckern Frauen ständig an sich rum?

Wir neigen dazu, uns zu vergleichen, und das tun wir eher mit dem Normschönen. In Filmen, in der Werbung und in Frauenmagazinen sehen wir überwiegend sehr schlanke Körper. Weil die wenigsten aber tatsächlich so perfekt aussehen, sind wir ständig unzufrieden, fühlen uns schlecht und nicht gut genug. Ich erinnere mich noch, als vor zehn Jahren die Fernsehserie »Girls« startete. Die Hauptdarstellerin Lena Dunham war rundlich und nach gängigen Maßstäben keine Schönheit. Aber wir Zuschauerinnen waren total erleichtert, weil wir endlich mal einen Körper zu sehen bekamen, wie er in der Natur häufiger vorkommt und der unserem eigenen nicht unähnlich ist. Deshalb ist es so wichtig, Diversität zu zeigen.

Ist Body Positivity also eine gute Sache?

Ich finde die Bewegung super, weil sie uns bewusst macht, dass Menschen nicht in der Fabrik

Zu ihrer großen Wohnung gehört zwar auch ein großer Garten, trotzdem hat sich Paula mit den vielen Pflanzen und Blumen noch mehr Natur ins Haus geholt.

Es haben die Menschen guten Sex, die sich absolut dem Moment hingeben können und die begriffen haben, dass die Qualität des Liebesakts überraschend wenig mit dem Aussehen zu tun hat.

hergestellt werden, sondern dass die bunt zusammengewürfelte Genmixtur zu den interessantesten, wildesten und herrlichsten Kombinationen führt.

Wie schafft man es, beim Sex lockerer und entspannter zu werden?

Man wird lockerer, wenn man versteht, dass es überhaupt keinen Grund gibt, nicht locker und entspannt zu sein. Schließlich hat sich die Person, mit der man gerade Sex hat, entschieden, genau mit dir Sex zu haben. Hilfreich ist auch, vorübergehend die Welt um sich herum zu vergessen. Der Kopf ist nur gut für davor und für danach. Das beste Stilmittel aber ist der Humor. Schafft man es dann noch ohne Scham über seine Wünsche zu sprechen, dann gibt es kein Halten mehr.

Was den meisten oft schwerfällt.

Weil wir es nicht gelernt haben und es gesellschaftlich salonfähigere Themen als Sex gibt. Das hat zur Folge, dass viele nur eine halbwahre Version ihrer selbst leben. Hast du jemanden gerade erst kennengelernt, ist das mit dem Reden natürlich nicht so einfach, da tendiert man dazu, die Hollywoodversion von sich abzugeben. Aber echt und ehrlich zu sein, spart enorm viel Zeit.

Spielt das Äußere für Dich wirklich keine Rolle? Zählen nur die inneren Werte?

Früher, als ich noch jung und naiv war, war es mir extrem wichtig, wie der Typ aussah. Gleichzeitig waren die zum Teil aber auch ausgesprochen dämlich. Inzwischen könnte ich mit keinem mehr ins Bett gehen, den ich nur nach seiner Figur bewerte. Innere Werte sind essenziell. Heißt aber nicht, dass mir Äußerlichkeiten komplett egal wären. Der andere sollte einen Körper haben, mit dem ich mich wohlfühle. Ganz durchtrainierte Männer, die null Körperfett haben, finde ich wenig attraktiv. Das sieht mir zu angestrengt aus. Mir gefallen Männer, die Körperkraft und Gesundheit ausstrahlen und bei denen man denkt, sie kämen frisch aus dem Wald.

Der Klassiker ist doch, dass Männer sich in der Kleidergröße ihrer Partnerinnen sowieso immer verschätzen.

Genau wie mein Exmann. Der hat auch nicht mitgekriegt, dass ich während unserer elfjährigen Beziehung 30 Kilo zugenommen habe. Bis zum Schluss glaubte er, ich würde immer noch Größe 36 tragen. Körper verändern sich, ist auch okay, solange das Gewicht nicht an ein bestimmtes Verhalten gekoppelt ist, man also nur noch auf der Couch rumhängt, träge wird oder sich richtig gehen lässt. Ein paar Kilo mehr fallen niemandem auf, wenn man ansonsten eine tolle Frau ist und

> Die schönste Frau der Welt ist davon überzeugt, dass sie die Kraft hat, sich selbst ein glückliches Leben zu bereiten.

sich auch selber toll findet und nicht permanent auf die kneifenden Hosen hinweist.

Was finden Männer am allerattraktivsten?

Ich nehme an, wir reden hier von intelligenten Männern, die alle schon an sich gearbeitet haben. Sie stehen auf Frauen, die wissen, welchen Wert sie haben und die mit sich selbst zufrieden sind. Die schönste Frau der Welt ist außerdem davon überzeugt, dass sie die Kraft hat, sich selbst ein glückliches Leben zu bereiten. Dafür braucht sie keinen anderen. Absolut unattraktiv ist es dagegen, wenn eine Frau dem Mann das Gefühl vermittelt, sich nur mit einem Partner vollwertig zu fühlen. Spürt ein Mann das, muss man sich nicht wundern, wenn er nicht wieder anruft.

Und was macht einen Menschen schön?

Mich hat niemals ein Mensch positiv beeinflusst, weil er so schön oder perfekt war. Es waren immer diejenigen, die einem gut tun, die loyal sind und einen weiterbringen. Menschlich und geistig. Natürlich gibt es auch Männer, denen reicht es, wenn eine Frau rattenscharf aussieht und ansonsten dumm wie Bohnenstroh ist. Aber Schönheit verblasst sehr schnell und Dummheit macht einfach hässlich.

Kann eine Beziehung auch ohne Sex glücklich sein?

Ja. Klar. Wie man Beziehungen führt, ist immer Verhandlungssache. Es gibt die unterschiedlichsten Modelle, von denen keines besser oder schlechter ist. Ich würde mich nie an der Norm orientieren, sondern ausschließlich an meinen eigenen Wünschen und Bedürfnissen.

Wird der Sex mit dem Alter besser?

Anders halt. Früher probierst du viel aus, von dem man vieles im Nachhinein auch hätte lassen können. In meinen Zwanzigern habe ich Abenteuer und Selbstbestätigung gesucht, heute interessiert mich Intimität viel mehr als Quantität. Ich bin jetzt seit einem Jahr wieder Single, aber ich könnte nicht mehr einfach so mit jemandem Sex haben.

Wird überhaupt was besser mit dem Alter?

Ich verstehe immer besser, warum ich so bin und wurde, wie ich bin. Das ist ein großer Erkenntnisgewinn. Viel mehr Gutes am Alter fällt mir nicht ein.

Dass Dich das Thema Sex beruflich so viel beschäftigt, war auch nicht geplant, oder?

Nein. Dazu kam ich auf dem zweiten Bildungsweg, sozusagen. Als Journalistin habe ich früher viele Reportagen für GEO gemacht, war in Rumänien oder Grönland, in Kriegsgebieten in Afrika, in Flüchtlingsheimen an der somalischen Grenze und oft wochenlang unterwegs. Als ich dann mein erstes Kind bekam, wollte ich nicht mehr so viel reisen. Es war eine glückliche Fügung, dass zu der Zeit beim Männermagazin GQ (»Gentlemen's Quaterly«) gerade eine Autorin für die Sexkolumne gesucht wurde. Während ich also meinen Sohn stillte, habe ich mir pornografische Geschichten ausgedacht. Und weil ich nicht unter meinem richtigen Namen schreibe, kann ich da auch viel radikaler sein.

Von der Sexkolumnistin bist Du immer mehr zur Beziehungsratgeberin geworden.

Darüber bin ich sehr froh, es ist wie die Erweiterung meiner Sexkolumnen und der Fernsehsendung »Paula kommt«. In den Büchern und in meinem Podcast kann ich viel mehr in die Tiefe gehen. Es geht nicht mehr nur um Sex, sondern um Beziehungen. Die zu anderen Menschen, aber auch ganz ausdrücklich die zu sich selber. Mich hat immer schon die Art interessiert, wie Menschen Beziehungen führen. Und vor allen Dingen, warum es vielen so schwerfällt, das, was sie haben, zu genießen. Anderen mit meinen Erfahrungen helfen zu können, macht mir beruflich am meisten Spaß, weil die Sinnhaftigkeit so offensichtlich ist.

Was ist der größte Beziehungskiller?

Dummheit. Und die Unfähigkeit, an sich selber zu arbeiten. Der größte Beziehungskiller sind für mich Menschen, die sich nicht weiterentwickeln. Das finde ich richtig zum Kotzen, wenn du plötzlich allein auf weiter Flur stehst und denkst: Ja, wo ist er denn?

Woran scheitern die meisten Beziehungen?

Das Genervtsein über Kleinkram passiert dann, wenn man keine vernünftige Kommunikation hinbekommt. Viele Beziehungen scheitern an Missverständnissen und daran, dem anderen im wahrsten Sinne des Wortes nicht an die Wäsche zu gehen. Ihn zu fragen: Wer bist du? Was brauchst

Auge für Details: Antiquitäten wie das antike Tischchen mixt Paula gekonnt mit Erinnerungstücken wie dem Gemälde oder dem kleinen Püppchen neben dem Blumenarrangement.

ATLAS OF HUMAN ANATOMY AND SURGERY
INFIZIERT
SEX
JOHN IRVING
UNTIL I FIND YOU
Zitate
POWER

BEST OF …
PAULA LAMBERT

BESTSELLER:
Paula Lambert hat schon viele Bücher und Ratgeber über Beziehungen und Sex geschrieben. Zuletzt ist von ihr »Geh schon mal in dich, das Glück kommt dann nach« (Heyne Verlag) erschienen. Darin beschreibt sie, wie man Selbstzweifel los wird und lernt, sich selbst zu lieben und zu akzeptieren.

FERNSEHSENDUNG:
Seit 2013 moderiert sie auf Sixx das Format »Paula kommt – Sex- und gute Nacktgeschichten«. Jede Ausgabe beschäftigt sich mit einem ganz speziellen Thema, aber immer geht es um Liebe, Lust und Leidenschaft.

PODCAST:
In »Paula kommt – Der Podcast des Scheiterns« wird über alles geredet, was mit Beziehungen und Sex zu tun hat: über weibliche Lust, peinliche Momente, Dating-Pannen und warum man sich immer wieder in den gleichen Falschen verliebt.

Stilsicher: Bei Paula Lambert sind sogar die Bücher nach Farben geordnet. Zu ihrem Haushalt gehören neben zwei Söhnen auch noch zwei Hunde und drei Katzen.

du? Was nervt dich? Die meisten Paare leben stumpf und blöde vor sich hin, bis die Beziehung am Ende ist. Grundsätzlich lohnt es immer zu kämpfen. Auch, weil man dabei wahnsinnig viel lernt. Aber wenn ein Mensch einen runtermacht, weil er einen aufs Äußere reduziert, sollte man ihn aus seinem Leben entfernen. Das hat nichts mit Zuneigung zu tun.

Woran sind Deine Beziehungen gescheitert?

Ich hatte zwei sehr lange Beziehungen, jeweils um die zwölf Jahre. Eine Beziehung ist daran gescheitert, dass ich mich damals noch nicht genügend mit mir selbst auseinandergesetzt hatte.
Ich ging über meine wirklichen Bedürfnisse hinweg. Warum? Wollte ich Zuneigung? Anerkennung?
Die zweite, weil unser Potenzial irgendwie erschöpft war und wir nichts mehr miteinander anfangen konnten. Manche Beziehungen sind für eine gewisse Zeit gut und dann passt es nicht mehr und beide gehen ihrer eigenen Wege. Um so besser, wenn das friedlich geschieht. Aber grundsätzlich sind Beziehungen eine feine Sache. Nicht nur, weil die Miete dann günstiger wird, sondern weil du ständig gespiegelt bekommst, was du sehen musst.

Wann gelingt eine gute Beziehung?

Wenn man sich selber besser kennenlernt und weiß, welche Ängste man hat und woher die eigenen Verhaltensmuster kommen. Oder kurz gesagt: Wenn du dich selber nicht liebst, kann dich auch kein anderer lieben. Vor allem sollte man nicht erwarten, dass ein anderer einen heilt.
Eine Beziehung ist bestenfalls eine Ergänzung. In erfolgreichen Partnerschaften geben sich zwei Menschen den Raum und den Halt, gemeinsam zu wachsen und besser zu werden. Heißt nicht, dass immer alles Friede, Freude, Eierkuchen sein muss. Die meisten Langzeitpaare gehen sich zwischendrin ziemlich auf den Senkel. Das ist völlig

> **Der größte Beziehungskiller sind Menschen, die sich nicht weiterentwickeln.**

okay. Man kann einen Menschen partiell doof finden und ihn trotzdem lieben.

Du bist wieder Single. Ist Tinder eine Option für Dich?

Jeder, wie er mag, aber Dating-Apps sind ein Alptraum für mich. Ich bin Anhängerin des persönlichen Kennenlernens. Ich würde mir ein Hobby suchen oder irgendeinen Verein, wo man Menschen mit ähnlichen Interessen trifft. Und meinen Horizont erweitern: reisen, weiterbilden. Wo man auch allein was davon hat. Man muss Dating üben und den Mut haben, sich auch mal eine blutige Nase zu holen. Vor allem sollte man sich die Frage stellen: Warum brauche ich unbedingt einen Partner? Ich bin nämlich gerade sehr froh, allein zu sein.

Wie man lernt, sich selbst mehr zu lieben, darum geht es auch in Deinen Büchern. Sie sind nicht nur Ratgeber, sie machen auch deswegen Mut, weil Du darin viel von Dir und Deinen Selbstzweifeln schreibst.

Oh ja. In Sachen Minderwertigkeitsgefühl bin ich eine echte Koryphäe. Wenn ich daran denke, wie viele Jahre ich damit zugebracht habe, mich blöd zu finden und wie mies ich mit mir selber umgegangen bin, wird mir ganz schlecht. Habe ich mich je hässlich gefühlt? Jawohl. Meine gesamte Jugend fühlte ich mich idiotisch, fremd und fehl am Platze. Dabei sah ich objektiv betrachtet süß und sexy aus, hatte eine granatenmäßige Figur. Trotzdem führte ich einen permanenten Kampf gegen mich selbst. Ich weiß genau, wie es ist, den eigenen Körper abzulehnen, Gefühle wegzuessen und sich vor lauter Selbstzweifeln zu verachten.

Eigentlich bescheuert. Du sahst toll aus, warst trotzdem nicht glücklich?

Das lag daran, dass ich null Selbstwertgefühl und kein Fünkchen Selbstliebe hatte. Und es zeigt mal wieder, sich selbst zu akzeptieren, hat nichts damit zu tun, ob du dick oder dünn bist. Darum ist es so elementar wichtig, sich nicht über seinen Körper zu definieren.

Was hat Dir geholfen, Dich selbst mehr zu akzeptieren?

Als ich merkte, wie unglücklich ich bin und dass ich da allein nicht rauskomme, habe ich mir Hilfe gesucht und bin zu einer Therapeutin gegangen. Geht es so richtig ans Eingemachte, brauchst du jemanden, der dich von außen und mit neutralem Blick betrachtet. Um wieder besser mit dir klarzukommen, musst du begreifen, warum du tust, was du tust. Stell dich deinen Ängsten. Manche gehen dabei lieber sanft und sachte vor.

Zufällig steht hier gar nichts herum: Die Kerzen korrespondieren farblich mit den Blumen, die Pflanzen mit der Tapete und die Katze mit dem Marmor-Torso ...

Liebe fängt mit Selbstliebe an

Für jede Art von Beziehungen gilt:

Ein wichtiger Baustein zu einem zufriedeneren Leben ist Resilienz. Sie hilft einem, mit Herausforderungen, Traumata, Verletzungen oder Stress auf konstruktive Weise umzugehen. Das Chaos kann einen nicht mehr gänzlich in den Abgrund ziehen.

Der Resilienz liegen vier Komponenten zugrunde: gesunde Beziehungen mit anderen Menschen, nicht nur zum Partner, sondern auch zu Freunden, Familie, Kollegen.

Wie Selbstliebe gelingen kann:

Indem man eine Grenze zu Menschen zieht, die einem nicht guttun oder die einen nicht so akzeptieren, wie man ist. Sich von Menschen, Gedanken und Umständen zu trennen, die dem eigenen Glück im Wege stehen. Stattdessen ein Netzwerk aus wohlwollenden Menschen um sich herum aufzubauen.

Das Wort **Selbstwertgefühl** beinhaltet genau die drei Worte, auf die es ankommt: Selbst, Wert und Gefühl. Es bedeutet, ein Gefühl dafür zu entwickeln, was man sich selbst wert ist, wie man sich selbst behandelt und von anderen behandeln lässt.

Menschen, die in **negativen Mustern** gefangen sind, werden von Ängsten und Selbstzweifeln begleitet, die alles Hoffnungsvolle torpedieren. Sie gehen Beziehungen ein, obwohl sie unterbewusst schon wissen, dass sie sowieso betrogen oder verlassen werden.

Das Einmaleins für gute Kommunikation mit dem Partner:

- Halte Blickkontakt.
- Lass alles beiseite, was die Kommunikation stören könnte. Auch Messer und Gabel.
- Alle anderen Tätigkeiten sind jetzt im Standby-Modus. Es sei denn, die Katze kotzt gerade auf den Teppich.
- Hör genau hin, welche Gefühle der andere gerade zum Ausdruck bringt, und versuche, Dich in ihn hineinzuversetzen. Merke: Es sind nicht Deine Gefühle. Du musst sie nicht bewerten.
- Achte auf die Körpersprache des Gegenübers. Fühlt er sich wohl? Ist er angespannt?
- Nicht unterbrechen, selbst wenn Dir wirklich etwas auf der Zunge brennt.
- Bei all dem Zuhören solltest Du nie vergessen, dass es sich um einen Dialog handelt. Rück auch Du heraus mit der Sprache und gewähre dem anderen einen Einblick in Deine Seele.

Man hat nichts zu verlieren, wenn man **seine Bedürfnisse** vor die der anderen stellt. Und endlich lernt, NEIN zu sagen.

Man sollte **keinen Tag seines Lebens bereuen.** Gute Tage geben einem Glück, schlechte Tage Erfahrung.

Für mich war es der richtige Weg, mitten in den Schmerz zu hüpfen. Das muss man aushalten können, mir ging es eine Zeit lang wirklich schlecht, weil viele Verletzungen von früher auf einmal hochkamen. Der Weg zum Ziel ist eine lange Reise, die auch bei mir noch nicht zu Ende ist.

Ist es die Reise wert?

Unbedingt. Das Leben mit einer spitzenmäßigen Beziehung zu sich selbst ist so viel schöner, glücklicher, bunter, als ich es je erträumt habe. Wenn man die eigenen Fallstricke und Schwächen einmal bewusst wahrnimmt, kann man plötzlich auch seine Stärken wieder ganz klar sehen.

Wie siehst Du Deinen Körper heute?

Ich kann ihn heute mit liebevollerem Blick betrachten. Jahrelang habe ich gegen ihn gekämpft und so viel Mist in mich hineingestopft, das hat er nicht verdient. Habe ich Stress oder fühle mich emotional überfordert, neige ich dazu, durch Essen zu kompensieren. Zum Teil sind auch alte Wunden aufgeplatzt, die ich anders nicht so schnell verarbeiten konnte. Essen betäubt. Kann jeder mal ausprobieren. Wenn du dich vollstopfst, merkst du gar nichts mehr. Genau wie bei Drogen oder Alkohol. Ich versuche noch, einen besseren Mechanismus zu finden, um mit negativen Gefühlen umzugehen. Aber ich bin auch älter geworden, habe zwei Kinder geboren. Da verändert sich der Körper.

Gibt's irgendwas, was Dich daran nervt?

Auch auf die Gefahr hin, in ein Hornissennest zu stoßen, aber Dicksein ist manchmal wahnsinnig unpraktisch. Nicht nur beim Sex, beim Schuhezubinden und Um-die-Ecke-Biegen. Dauernd stoße ich was um oder bleibe mit meinem Busen irgendwo hängen. Das könnte ruhig auch mal erwähnt werden. Noch mehr nerven die Moppeligen-Schublade und Sätze wie: »Sie sind ja auch eine etwas rundere Frau.« Ja, bin ich. Aber vor allem bin ich eine Frau. Mein Lieblingswort ist ja »Vollweib«. Da könnte ich so was von kotzen. Was sind denn die anderen? Halbweiber?

Worauf bist Du stolz?

Gut hingekriegt habe ich, dass meine beiden Söhne richtig gute, freundliche Menschen geworden sind, außerdem so einen Bombensinn für Humor haben und einen fantastischen Musikgeschmack. Das ist meine größte Lebensleistung. Außerdem sind sie in der Lage, ihre Gefühle zu erkennen und auszudrücken. Auch das freut mich sehr. Möglicherweise liegt es daran, dass ich meine Gedankengänge immer mit ihnen geteilt habe. Also: Ich bin wütend, weil ... Dass ich beruflich so viel mit Sex zu tun habe, ist ihnen offenbar nicht peinlich. Mein ältester Sohn, der in England auf dem Internat ist, ruft abends sogar an und bittet mich um Dating-Tipps.

Bist Du heute zufriedener als vor 20 Jahren?

Ja, weil ich mich mit mir auseinandergesetzt habe. Der Heilungsprozess ist schmerzhaft, die Erkenntnisse im Nachhinein sind super. Zu verstehen, dass ich gut genug bin. Und dass ich mein Leben selbst steuern kann. Ich bin nicht von jemand anderem oder den Umständen abhängig. Das sind wir alle nicht. Es ist eine Befreiung, das zu verstehen.

‘In meinen Liedern kann ich am besten ausdrücken, was in mir vorgeht’

ALINA WICHMANN

Sängerin | Songwriterin | Model

Alina Wichmann hat eine unvergleichliche Stimme und sich ihren Traum erfüllt: Als Sängerin und Songwriterin kann sie heute genau die Musik verwirklichen, die sie immer machen wollte. Bis dahin war es ein langer, steiniger Weg. Wie sie es trotzdem geschafft hat, sich zu behaupten und sich dabei selbst treu zu bleiben, ist ein gutes Beispiel, das auch andere Frauen ermutigen kann.

Und einfach so, just like that, gibt es am Ende noch einen ganz großen Gänsehautmoment. Die Fotos sind gemacht und Alina Wichmann beschenkt uns mit einem kleinen Privatkonzert. Entspannt sitzt sie auf dem großen, gemütlichen Bett im Wohn-Schlafzimmer ihrer Berliner Wohnung und fängt an zu singen. Ganz pur, ohne musikalische Begleitung, ohne Backgroundchor – nur sie und ihre Stimme. Und die hat es in sich. Sie ist kraftvoll, voluminös, kommt mit großer Wucht daher und klingt doch gleichzeitig so zart und verletzlich, mit samtig-weichem Timbre. Eine einzigartige Stimme, die einen berührt und die man so schnell nicht wieder vergisst. Alina singt das Lied »Die Einzige«, in dem es um Liebe geht, aber auch um Selbstzweifel, Unsicherheiten und warum es immer nur die anderen sind, die so glücklich zu sein scheinen.

»Die Einzige« ist nicht nur der Titel ihres Debütalbums, das sie 2017 veröffentlicht hat, er ist auch so etwas wie ihr Signature-Song. Weil er für all das steht, was ihre Lieder so besonders macht. Kein Popgeplänkel, nein, in ihnen kehrt sie ihr Innerstes nach außen, thematisiert schonungslos offen ihre Ängste, Verletzlichkeiten, eigentlich alles, was sie beschäftigt und bewegt. »Jeder hat ja seine ganz eigene Art, sich auszudrücken«, sagt Alina und strahlt eine tiefe Warmherzigkeit aus. »Bei mir ist es die Musik. In meinen Liedern kann ich am besten ausdrücken, was in mir vorgeht.« Es sind Gedanken und Gefühle, die auch anderen nicht fremd sind, darum kann man sich so gut mit ihren Liedern identifizieren, darum gehen sie einem so nahe. »Für mich bedeutete Musik immer auch herauszufinden: Wer bin ich? Was habe ich zu erzählen? Was kann ich beitragen zu einer besseren Gesellschaft?« Und sie hat viel zu erzählen, denn hinter ihrer zugewandten, fröhlichen Art verbirgt sich eine junge Frau, die viel nachdenkt und reflektiert über sich und die Welt und darüber, wie man es schafft, sie zu einem besseren Ort zu machen. Und sei es nur ein kleines bisschen.

Wenn sie singt, ist Alina eins mit der Musik, kann alles um sich herum vergessen. So eine tiefe Verbundenheit mit dem, was man tut, gibt es nicht oft. Selten sind Beruf und Berufung so deckungsgleich. Und allerspätestens jetzt wird klar: Alina Wichmann musste einfach Musikerin werden. Doch um es dorthin zu schaffen, waren viele Umwege nötig, musste die 36-Jährige neben Höhen auch viele Tiefen erleben. Es ist die Geschichte einer jungen Frau, die unbedingt ihren Traum verwirklichen wollte. Eine Geschichte, wie sie auch anderen Frauen mit anderen Träumen passieren könnte.

Und dass sie Musikerin werden will, weiß Alina Wichmann schon sehr früh: »Seit ich denken kann, gab es bei mir immer nur Musik, Musik, Musik.« Schon als kleines Mädchen singt sie in jeder freien Minute, veranstaltet Songwettbewerbe mit Freundinnen in ihrem Kinderzimmer. Aber schon damals geht es ihr nie nur darum, einfach nur Lieder nachzusingen. Schon früh schreibt sie ihre eigenen. Was andere ihrem Tagebuch anvertrauen, verpackt sie in Songs. »Die Liebe zur Musik hat mir meine Familie mitgegeben. Ich bin in einem sehr musikalischen Umfeld aufgewachsen.«

Selbstbewusste Pose: Es war nicht immer so, aber heute ist Alina Wichmann mit sich und der Musik im Reinen.

Glamour Queen: Nein, so geht Alina nicht zum Brötchenholen. Die Red-Carpet-Outfits holt Alina für Events und Bühnenauftritte raus. Dieses ist von Marina Rinaldi.

SONGTEXT
»DIE EINZIGE«

Vielleicht bin ich schon viel zu lang allein
So mit mir, nur mit mir
Ganz ohne Kompromiss
Und vielleicht habe ich verlernt, was es heißt,
Zu zweit zu sein, du und ich.
Doch ich find' dich einfach nicht

Wo bist du?
Frag' ich mich immerzu
Warum find' ich kein Wir,
Was ist nur falsch an mir?

Sag mir, bin ich die Einzige
Die für immer alleine bleibt?
Und so tut als ging' es ihr
Auch noch gut dabei.
Sag mir, bin ich die Einzige?
Sag mir, wie kann das sein?
Wenn der Rest dieser Welt doch so
unerträglich glücklich scheint.

Mir wurde schon so oft versprochen:
Die Liebe steht für dich bereit.
Mein Herz ist schon viel zu oft gebrochen
Wie soll ich's glauben nach all der Zeit?
Wie geht man auf den andern zu,
Wenn alle schon vergeben sind?
Wie finde ich den neuen Mut,
Damit ich nicht mehr einsam bin?

Alina kommt aus Waldshut-Tiengen, einem malerischen Städtchen im untersten Zipfel des Schwarzwalds, direkt an der Schweizer Grenze. Die Familie führt ein Geschäft für Büroartikel, aber Oma, Opa und die Eltern machen in ihrer Freizeit leidenschaftlich gern Musik, haben eine eigene Hobby-Band und covern Songs von Zarah Leander, Hildegard Knef und Michael Jackson. Sind das auch ihre musikalischen Referenzen? »Ich bin keine Freundin von Genres. Ich liebe genauso Blues und Soul, sehr geprägt haben mich auch die Stimmen der großen Diven der Neunziger, Mariah Carey, Whitney Houston, Céline Dion.«

Wenn die Eltern proben, ist Alina oft dabei, wird im Probenraum geparkt. Mit sieben Jahren steht sie zum ersten Mal mit auf der Bühne. »Nichts Großes, nur ein Familienfest, der 40. Geburtstag meines Papas«, sagt sie lachend. »Aber das war ein ganz besonderes Erlebnis für mich. Die Leute sind wegen meiner Performance komplett ausgerastet. Den Applaus höre ich noch heute.« Wie ist das für sie, auf der Bühne zu stehen? Sich vor anderen Menschen zu präsentieren? »Als Kind war ich total furchtlos und habe jede Bühne an mich gerissen. Unsicherheiten und Ängste und sowas wie Lampenfieber habe ich erst später entwickelt.« Als sie erwachsen wurde, fiel der Kindheitsbonus, da war sie nicht mehr nur die süße, kleine Alina. »Als Frau wurde ich anders bewertet, auf einmal hatte ich Lampenfieber.«

Die Lust am Präsentieren vor Publikum, ein gewisses Rampensau-Gen wurde ihr sozusagen in die Wiege gelegt. »Meine Familie war bekannt für ihre modische Exzentrik. Die Oma mit ihren Pelzen und ihren XXL-Klunkern. Es musste immer der ganz große Auftritt sein, immer eine Spur over the top. Was den Glamour betrifft, waren wir der Denver-Clan vom Schwarzwald.« Sie zeigt die

> **Als Kind war ich total furchtlos und habe jede Bühne an mich gerissen. Unsicherheiten und Ängste und sowas wie Lampenfieber habe ich erst später entwickelt.**

gerahmten Fotos, die an der Wand ihres Zimmers hängen. Ihre Eltern in jungen Jahren, der Bruder, der mit seinem Freund in München lebt. »Sieht er nicht aus wie James Dean?«, fragt sie stolz. Bis heute fühlen sich alle eng verbunden und nah, bis heute hat sie einen sehr guten Draht zu ihrer Familie. Sie sehen sich, so oft es geht.

Ein paar Glitzeroutfits (»meine Red-Carpet-Roben«) hat Alina natürlich auch, die sie bei Konzerten und öffentlichen Auftritten trägt. Dort kann sie ihren Hang zur Exzentrik ausleben. »Ansonsten mag ich es mittlerweile auch gern minimalistisch cool und zeitlos, aber immer mit femininer Note.« Doch genau wie in der Musik will sie sich auch bei der Kleidung nicht festlegen lassen. In ihrem großen Kleiderschrank findet man weich fallende Kleider mit großen Prints genauso wie monochrome Looks in Schwarz, Weiß oder Beige. Man merkt, sie zieht sich gern schön an. Mode macht ihr Spaß und war auch schon früher ein Thema. »Meine Outfits wurden genau unter die Lupe genommen. Ungeschminkt gingen die Frauen der Wichmanns nie aus dem Haus.«

Mit 14 nimmt sie ihren ersten selbst geschriebenen Song auf, ganz professionell in einem Studio. Unterstützung bekommt sie von ihrer Familie, die das musikalische Talent ihrer Tochter immer gefördert hat. Gleichzeitig habe sie damals aber auch zu hören bekommen, dass sie zwar wunderschön sei und toll singen könne, sie aber abnehmen müsse, wenn sie mit der Musik erfolgreich sein wolle.

»Ich werfe ihnen das nicht mal vor«, sagt Alina heute. »Ich weiß, sie lieben mich über alles.« Denn im Grunde wollten ihre Eltern sie nur vor einer späteren Enttäuschung schützen, weil ihnen klar ist, wie das Musikgeschäft funktioniert. Und welche Rolle dabei Performance und Äußerlichkeiten spielen. Trotzdem: Es sind diese Sätze, die man als Kind hört, manchmal von Eltern unbedacht dahingesagt, die sich aber einprägen und die man so schnell nicht wieder vergisst und die einen manchmal wie ein Mantra ein Leben lang begleiten und beeinflussen. Alina geht es nicht anders. »Ich war ein unsicherer Teenager, hatte sowieso schon mit mir und meinem Körper zu kämpfen, weil ich nicht ins Schema passte. Musik war das einzige, von dem ich wusste, darin bin ich gut. Und nun musste ich feststellen: Selbst da bin ich offenbar nicht gut genug.«

Wie das Musikgeschäft funktioniert, muss Alina kurz darauf selbst erfahren – und zwar gleich auf die ganz harte Tour. 2003 bewirbt sie sich bei »DSDS – Deutschland sucht den Superstar«. Es ist

Alina sammelt Kunst und Antiquitäten, auch wenn Vermeers »Mädchen mit den Perlenohrringen« natürlich nur eine Kopie ist. Fündig wird sie oft auf Flohmärkten oder Ebay. Dort hat sie auch das kuschelige Samt-Sofa ersteigert.

die allererste Staffel eines damals noch völlig neuen Castingformats mit Alexander Klaws als erstem Sieger. Alina kommt in die zweite Runde, sie schafft es in den Recall und unter die Top 30. Eigentlich erfüllt sich damit für die damals 16-Jährige ein Traum, der allerdings genauso schnell wieder zerplatzt. Nicht, weil ihre Leistung nicht stimmt, sondern weil Alina mit den Mechanismen eines Marktes konfrontiert wird, die sich für sie alles andere als richtig anfühlen. »Das war eine krass prägende Erfahrung«, sagt sie. Die Show ist sogar einer der Gründe gewesen, warum sie nicht mehr mit ihrer großen Leidenschaft weitermachen will. »Nichts gegen DSDS, aber da geht es nur um Entertainment. Das hatte rein gar nichts mit dem zu tun, wie ich Musik machen will. Die Sendung hat mir so ein komplett falsches Bild vom Musikersein vermittelt.«

Alina ist enttäuscht. Sie muss schmerzhaft erfahren, dass es offenbar auf ganz andere Dinge ankommt, als eine gute Stimme zu haben, wenn man als Musikerin erfolgreich sein will. »Du musst vor allem funktionieren, abliefern und nicht zu viele Fragen stellen.« Jemand, der zweifelt, nachdenkt und sich nicht alles gefallen lässt, habe es schwer, sagt sie. »Du darfst nicht anstrengend sein, schon gar nicht als Frau. Die sollen möglichst unkompliziert sein, sexy aussehen und fuckable sein.« Sie sagt das sehr drastisch und sehr deutlich, aber ohne jeden Groll. Natürlich hat sich auch in der Unterhaltungsbranche viel getan, natürlich gibt es endlich auch immer mehr erfolgreiche Sängerinnen, aber egal, wie divers sich die Plattenindustrie gibt, es ist immer noch ein System, das patriarchalischen Strukturen und Denkweisen folgt.

DSDS hat ihr Leben nachhaltig verändert, danach stellt sie alles in Frage und wendet sich für einige Zeit komplett von der Musik ab. »Die Branche war mir einfach zu oberflächlich, damit wollte ich nichts zu tun haben. Die Musik war für mich erstmal gestorben.« Und sie macht wirklich ernst: Nach dem Abitur studiert sie zunächst Literatur-, Kunst- und Medienwissenschaften an der Universität Konstanz. Doch ihre große Leidenschaft lässt sie nicht los. Weil sie einfach merkt: Musik, das ist ihr Ding. Sie kann nicht ohne. »Die Musik ist einfach meine Super-Power und meine große Liebe.« Trotzdem dauert es Jahre, bis sie sich an der Popakademie Baden-Württemberg in Mannheim bewirbt, um dort Songwriting zu

Ganz wichtig: ihre Plattensammlung, stilecht auf Vinyl. Darunter Alben ihres musikalischen Vorbilds Mariah Carey.

BEST OF ...
ALINA WICHMAN

»DIE EINZIGE«
Der Titel ihres Debütalbums, das im Oktober 2017 erschienen ist und das es auf Platz 26 der deutschen Charts schaffte.

»NICHT FAIR«
Eine von drei Singles, die Ende 2021 auf den Markt gekommen sind. In diesem Lied singt Alina Wichmann von Selbstzweifeln und unerfüllter Liebe.

»DIE ERSTE DEINER ART«
Als Songwriterin schreibt Alina auch für andere Sänger:innen. Dieses Mutmach-Lied hat es im November 2021 auf das neue Album »Rausch« von Schlagerstar Helene Fischer geschafft.

studieren. Es ist der richtige Weg. »Endlich hatte ich das Gefühl, dass das Rebellische in mir, das Schwierige, Nachdenkliche hier einen Platz findet. An der Akademie habe ich auch gesehen, dass ich nicht die Einzige bin, die Probleme hat, die mit sich kämpft. Das hat mir sehr geholfen.«

Es sind die Jahre um 2010 herum. Beth Ditto machte gerade mit »Heavy Cross« auf sich aufmerksam. Adele wird als Stimmwunder und großes Ausnahmetalent gefeiert. Sängerinnen, die nicht dem gängigen Schönheitsideal entsprachen und trotzdem erfolgreich waren. Frauen, die Alina sicher auch den Weg ein wenig geebnet haben. »Das muss man ganz klar sagen, ohne Adele hätte ich in Deutschland wahrscheinlich keinen Plattendeal bekommen.« Sie wird sogar mal die »deutsche Adele« genannt. Eine Bezeichnung, über die sie heute nur lachen, auf die sie aber genauso gut verzichten kann. An welchen Musikerinnen hat sie sich sonst orientiert? »Beth Ditto war klar mein Vorbild. Genauso habe ich Amy Winehouse bewundert. Die war zwar dünn, aber eine Rebellin. Sie war das, was für die jungen Leute heute Billie Eilish ist, die sich auch unter weiten T-Shirts versteckt, weil sie nicht nur auf ihren Körper reduziert werden will.«

Heute macht Alina genau die Musik, die sie machen möchte. Der Weg dorthin war nicht immer einfach, es hat oft Mut gekostet, ihn zu gehen. Aber ihr Beispiel zeigt, dass man es schaffen kann, ohne sich auf faule Kompromisse einzulassen. Sich nicht beirren zu lassen, egal, was andere sagen oder denken. Gut, sie ist jetzt vielleicht kein Superstar mit Dauerabonnement in den Charts, aber sie zieht ihr Ding durch, ohne sich verbiegen zu müssen. Ende vergangenen Jahres hat sie eine neue Single herausgebracht. »Nicht fair« heißt der Song und handelt von einer unerfüllten Liebe. Ihr zweites Album steht in den Startlöchern, sie hat viel zu tun. Denn sie macht nicht nur ihre eigene Musik, als Songwriterin schreibt sie auch für andere wie Mandy Capristo, Mike Singer oder – Superstar Helene Fischer. Ihr Lied »Die erste deiner Art« hat es sogar auf das neue Album »Rausch« der megaerfolgreichen Sängerin geschafft. Darauf ist Alina unglaublich stolz, denn das Stück liegt ihr sehr am Herzen, weil es ein Mutmach-Song für alle Frauen ist. »Ich stehe gern auf der Bühne, fühle mich aber auch im Hintergrund wohl. Es macht mir einfach große Freude, anderen dabei zu helfen, ihre Stimme zu finden.«

Die Musikerin in der gemütlichen Küche ihrer Berliner WG. Mit ihrem ausdrucksstarken Gesicht wird sie auch oft für Beauty-Shootings gebucht.

Sensibilität ist Freud und Leid zugleich. Sie ermöglicht mir die Emotionen in der Musik, kann aber hinderlich sein, wenn es ums Funktionieren geht.

Die eigene Stimme zu finden, hat natürlich auch viel damit zu tun, mit sich selbst, im wahrsten Sinne des Wortes, im Einklang zu sein. Das scheint bei Alina der Fall, sie wirkt angekommen, sehr geerdet, in sich ruhend. Doch bis dahin, sagt sie, sei es ein langer Weg gewesen. Vor allem, wenn man ein so nachdenklicher, feinfühliger Mensch sei wie sie. »Das ist manchmal Freud und Leid zugleich. Meine Sensibilität ermöglicht mir die Emotionen in der Musik, kann aber manchmal auch hinderlich sein, wenn es ums Funktionieren geht.«

Aber die Musikerin weiß mittlerweile, wie sie sich helfen kann, wenn sie mal wieder in so einer Grübelfalle feststeckt oder es ihr mal nicht so gut geht. »Seit vielen Jahren gehe ich zur Gesprächstherapie bei einer wunderbaren älteren Dame, die etwas Mütterliches hat, mir Halt gibt und die Dinge wieder geraderückt. Sie ist zu meinem Live Saver geworden.« Sie könne nur jedem raten, sich bei Lebenskrisen Unterstützung von außen zu holen. »Jemanden, der nur dafür da ist, dir zuzuhören, bei dem du dir einfach alles von der Seele reden kannst. Und das geht am besten mit jemandem, der emotional nicht involviert ist.«

Alina liebt es zu reisen, interessiert sich für Kunst und Antiquitäten, kocht zwar nicht gern, geht aber umso lieber mit Freunden essen. Um mit sich ins Reine zu kommen, hilft ihr auch viel mentale Arbeit. Sie beschäftigt sich mit verschiedenen Meditationspraktiken, liest viele Bücher zu dem Thema. Mittlerweile gelingt es ihr auch ganz gut, in schwierigen Phasen bewusst neben sich zu treten und sich selbst quasi von außen und ganz objektiv zu betrachten. Das gehe aber auch mit jedem x-beliebigen Gegenstand, sagt sie und deutet auf den kleinen Tontopf auf ihrem Küchentisch, den Alina vor dem Müll gerettet hat. »Einfach mal innehalten und ganz bewusst nur diesen Topf betrachten. Welche Farbe hat er, welche Form? Nur genau hinschauen und nicht bewerten.«

Ein gutes Motto, das man sich für alles im Leben merken sollte.

‘Unsere Laune wäre generell besser, wenn wir das Leben bunter gestalten würden’

KERSTIN DIEHL

Managing Director | PR-Beraterin | Interior-Expertin

Starke Farben, starke Persönlichkeit: Mit ihrem extravaganten, kunterbunten Stil fällt Kerstin Diehl nicht nur auf. Die PR-Expertin setzt auch ein unübersehbares Zeichen und macht anderen Frauen Mut, zu sich selbst zu stehen und sich zu trauen – bei der Kleidung, der Einrichtung und im Leben ganz generell.

Es gibt unzählige Ratgeber und Tipps, wie man seine Stimmung verbessern kann. Man kann sich auch einfach nur mal die Wohnung von Kerstin Diehl anschauen. Mit knalligen Farben, mutigem Muster-Mix, skulpturalen Objekten und vielen ironischen Statements hat sich die PR-Expertin im Berliner Stadtteil Prenzlauer Berg einen kunterbunten Happy Space für sich und ihre Hündin Stella geschaffen. Auf ihrem Instagram-Account *@kersykiddo* liefert sie jede Menge Inspirationen für Interior-Liebhaber:rinnen. Wie gut das klappt mit der Farbtherapie, merkt man im Gespräch sofort: Die 45-Jährige strahlt genauso viel Lebensfreude und Power aus wie ihre Wohnung.

Deine Wohnung ist so wunderbar farbenfroh, da bekommt man sofort gute Laune.

Das war meine Absicht. Ich wünsche mir grundsätzlich mehr Farbe in der Welt. Um einen herum ist vieles oft so trist und grau, da muss ich hier nur aus dem Fenster gucken. Gerade Berlin kann ganz schön trostlos sein, besonders im Winter. Darum umgebe ich mich gern mit schönen Dingen, und die sind in meinem Fall meistens bunt. Ich stehe auf kräftige Kontraste. Kobaltblau zu knalligem Gelb, Lila kombiniert zu Orange.

Schlägt Farbe, im positiven Sinne, aufs Gemüt?

Unbedingt. Farbe ist ein Stimmungsaufheller. Unsere Laune wäre generell besser, wenn wir uns das Leben bunter gestalten würden. Ich laufe auch nicht dauernd lachend durch die Gegend, habe melancholische Phasen, in denen ich überhaupt nicht gut drauf bin, aber wenn ich dann in meine Wohnung komme, geht mir das Herz auf. Sie ist ein Happy Space, eine Oase der Lebensfreude und ein Kontrast zu all dem Grau und Beige, das einen umgibt. Trübe Gedanken kann ich am besten mit bunten Farben vertreiben.

Von Grau und Beige, den Trendfarben der vergangenen Jahre, hebst Du Dich erfrischend deutlich ab.

Mit Beige kann man mich jagen. Das erinnert mich sofort an meine Kindheit und die älteren Damen bei uns im Dorf in ihrem Einheitsbeige von Kopf bis Fuß. Das Konzept, sich im Alter möglichst unsichtbar zu machen, habe ich nie verstanden. Mode, Beauty, sich schön zu machen und durch Kleidung auszudrücken, das war bei mir immer ein großes Thema. Nicht erst, seit ich beruflich damit zu tun habe. Einen Hang zu auffälliger Kleidung und Extravaganz hatte ich früher schon.

Manche sagen ja, sie kommen besser zur Ruhe, wenn es um sie herum harmonisch eintönig ist.

Das geht mir überhaupt nicht so. Im Gegenteil. Ich finde mein Glück eher darin, nahe am Puls der Zeit zu sein und mittendrin im Geschehen. Für mich haben Farben etwas sehr Belebendes.

Wie bildet sich Geschmack? Welche Einflüsse haben Dich geprägt?

Oftmals entwickelt er sich als Gegenentwurf zu dem, was man zu Hause sieht und wie man aufgewachsen ist. Ich bin ein Mädchen vom Land, hessische Provinz in der Nähe von Marburg. Meine Eltern hatten zwar auch Geschmack und Spaß an schönen Dingen, waren aber doch eher klassisch gemütlich eingerichtet. Die Ästhetik, die mir gefiel, war dagegen amerikanisch geprägt. Ich bin so

Neben den Statement-Kissen von Jonathan Adler thront Hündin Stella auf dem Sofa – es ist ihr Stammplatz.

Happy Space: In ihrer denkmalgeschützten Altbauwohnung im Berliner Stadtteil Prenzlauer Berg lebt Kerstin Diehl ihre Vorliebe für skulpturale Formen und starke Farben aus.

ein richtiges Ketchup-Kind. Habe alles, was aus den USA kam, regelrecht aufgesogen. Die Filme und Serien, die Musik und die Popkultur. Das bedeutete für mich: bunt, schrill, frech. In der Kunst fand ich Andy Warhol und Roy Lichtenstein toll, Keith Haring war mein Held, seine Bilder hatte ich als Poster an der Wand meines Teenager-Zimmers. Mit 19 ging ich für ein Jahr als Au-pair in die USA, und als ich das erste Mal in New York in Soho und am Times Square war, da wusste ich: Yes! Das ist genau meine Welt.

Wie würdest Du Deinen Stil beschreiben?

Wenn man es unbedingt labeln will, würde man es wohl eklektisch nennen und auf jeden Fall sehr international. Mich begeistert Palm Springs mit seinen flachen, typischen Bungalows aus den 1960er-Jahren und überhaupt der ganze Californian Style mit dieser Mischung aus Tropical und Pop Art. Gleichzeitig bin ich ein großer Fan von Ettore Sottsass und der Memphis-Bewegung. Ich mag geometrische, grafische Formen, starke Kontraste, gerade Linien.

Einer Deiner Lieblingsdesigner scheint Jonathan Adler zu sein.

Ach, ich habe generell kein Lieblingsrestaurant, keine Lieblingsmarke oder Lieblingssonstwas. Bei Jonathan Adler gefällt mir, dass er nicht nur Produktdesigner ist, sondern als Interior-Designer ganze Häuser einrichtet. Er war einer der ersten, der Farben, Formen und Muster auf eine Art zusammengebracht hat, wie es sich vor ihm kaum jemand getraut hat. Es ist diese einzigartige Mischung aus starken Kontrasten, Eleganz, ikonischem Design und ironischen Zitaten wie die Kissen in Pillenform mit der Prozac- oder Xanax-Stickerei darauf. Sein Einrichtungsstil macht einfach Spaß, er nennt es ja selber Happy Living und hat auch ein Buch dazu geschrieben: »My Prescription for Anti-depressive Living.« Aber ich muss nicht alles von ihm haben, manches ist mir zu golden und zu kitschig. Florale Muster und romantische Accessoires sind überhaupt nicht mein Ding.

Hat sich Dein Stil im Laufe der Zeit verändert?

Eher verfeinert und weiterentwickelt. Ich hab gerade alte Fotos gefunden, mein Zimmer im Studentenwohnheim sah schon genauso crazy aus. Natürlich mit einem anderen Budget, aber ich hatte schon damals ein Faible für knallige Farben und wilde Muster, habe blaue Vorhänge mit weißen Tupfen zu Decken mit Leoprint kombiniert.

Der Schwarz-Weiß-Kontrast ist ein wiederkehrendes Element in Kerstins Wohnung.

Meine Wohnung ist ein Happy Space, eine Oase der Lebensfreude.

Wie gehst Du beim Einrichten vor? Strikt nach Plan oder eher intuitiv?

Diese hier ist ja nicht meine erste Wohnung, ich habe schon an so vielen Orten gelebt, in der Schweiz, in Hamburg und auch in den Vereinigten Staaten, aber nie zuvor hatte ich so sehr das Gefühl, dass ich mich bei der Einrichtung hundertprozentig selbst verwirklichen kann. Diese Wohnung hat alles, wovon ich immer geträumt habe: ein schön renovierter Altbau mit hohen Wänden und Stuckdecken, Parkettboden und endlich eine Flügeltür. Das Ziel war, alles aus mir und der Wohnung rauszuholen. Trotzdem war die Herangehensweise eher spontan und kreativ. Ich habe generell eine gute Vorstellungskraft, wie etwas aussehen könnte.

Was machen viele falsch, wenn sie eine Wohnung neu einrichten?

Sie nehmen sich zu wenig Zeit. Den Fehler habe ich auch gemacht. Ich wollte alles auf einmal und das auch noch sofort. Ein Zuhause muss wachsen, und zwar mit dir zusammen. Ich wollte schnell Bilder an den Wänden, die aber null passten. Also habe ich selber welche gemalt. Wie Charles Bukowski schon sagte: Die Dinge müssen eine Seele haben. Und was hat mehr Seele als ein selbst gemaltes Bild?

Wo lässt Du Dich inspirieren?

Ich bin ein Netz-Junkie. Die meisten Anregungen finde ich im Internet. Ich schaue mir viele Homestorys auf YouTube und Instagram an, meistens amerikanische Seiten, ganz toll ist zum Beispiel The Cut vom New York Times Magazine. Hierzulande bin ich oft erschrocken, wie einfallslos und langweilig viele eingerichtet sind, ohne Individualität, Stil und Farbe. Es gibt auch eine große Interior-Community auf den sozialen Kanälen, und seit ich Fotos von meiner Wohnung poste, treffe ich auf viele Gleichgesinnte. Wir tauschen uns aus und inspirieren uns gegenseitig. Eine tolle Inspirationsquelle sind auch Designhotels und Reisen.

Du hast jede Menge ausgefallener Stücke, wie diese schwarzen Stühle mit den roten Fingernägeln. Wo, bitte schön, findet man die?

Das war auch wieder so ein Glückstreffer: In einer Homestory auf The Cut über Aelfie, einer Designerin aus Brooklyn, die auch wunderschöne Teppiche entwirft, entdeckte ich diese Handstühle. Die musste ich haben. Dann ging die Jagd los, bei Google habe ich alle möglichen Suchbegriffe eingegeben und bin dann tatsächlich auf Ebay-Kleinanzeigen fündig geworden. Eine Dame in

Happy Place: Das Schlafzimmer mit dem gemütlichen Boxspringbett ist perfekt durchkomponiert.

Bunt fürs Leben – Einrichtungstipps von Kerstin

1

Finde erst einmal heraus, was DU willst. Es nützt ja nichts, einen Look zu kopieren, der nicht zu einem passt.

2

Nimm Dir Zeit. Bei der Einrichtung schafft man sich im besten Fall Gegenstände für einen langen Zeitraum an. Anders als bei Kleidung und modischen Accessoires, die lange wie Wegwerfartikel behandelt wurden. Aber das ändert sich zum Glück gerade.

3

Dass manche Angst vor Farbe haben, verstehe ich. Mit Farbe legt man sich fest. Taste Dich langsam heran, fang mit kleinen Sachen an. Bunte Vasen, Kissen oder Decken können einen Raum total verändern und ein paar Accessoires lassen sich schnell austauschen. Einfach mal ausprobieren und die Farben auf sich wirken lassen. Und dann lass die Wohnung peu à peu wachsen.

4

Farben fügen sich gut zusammen, wenn es Referenzpunkte und Wiederholungen gibt. Bei mir findet sich die schwarz-weiß gestreifte Wand in weiteren Elementen der Wohnung wieder. Das Gelb der Lampe im Schlafzimmer korrespondiert mit einem gleichfarbigen Kissen auf dem Bett, das Rot des Stuhls mit dem einer Vase. Und der Rahmen des Spiegels hat den gleichen Orangeton wie das Regal. Dadurch wirken die Farben nicht chaotisch und unruhig.

5

Mache es Dir gemütlich, stelle Duftkerzen auf oder einen Strauß frische Blumen in die Vase. Das gibt einem sofort ein gutes Gefühl.

6

Ganz billiger Trick: Stell einfach mal die Möbel um und lasse den Raum auf Dich wirken.

7

Ich war beim Einrichten sehr darauf fixiert, dass es gut aussieht. Aus meiner Erfahrung kann ich nur sagen: Lass Dich nicht nur von der Optik leiten. Statt eines stylischen Sofas hätte ich mittlerweile lieber eins, in das man sich gemütlich reinkuscheln kann.

Wuppertal löste gerade ihr Nagelstudio auf und hatte exakt diese Stühle, die in einer Limited Edition produziert worden waren. Mit einem Leihwagen habe ich sie direkt dort abgeholt, für 100 Euro das Stück.

Weißt Du immer genau, was Du willst?

Bezogen auf Möbel: ja. Aber manche Objekte kommen auch durch Zufall zu mir, wie die braune Mid-Century-Kommode, die in der Agentur stand, in der ich früher mal gearbeitet habe und die fast auf dem Sperrmüll gelandet wäre. Nur Flohmärkte sind überaschenderweise überhaupt nicht mein Ding.

Kann man sich auch für wenig Geld schön einrichten?

Natürlich freue ich mich über Glücksgriffe wie die Stühle. Oder das orangefarbene Regal aus Metall, dass ich für 39 Euro bei Poco Domäne entdeckt habe. Aber gutes Design kostet und das ist auch in Ordnung. Viele Designerstücke sind mittlerweile wie Kunstgegenstände, die im Wert steigen und sogar im Museum stehen. Mein Traumobjekt wäre der »Curves«-Spiegel von Ettore Sottsass, aber 8000 Euro sind mir zu viel.

Dein Lieblingsplatz? Dein Rückzugsort?

Mein Bett. Was auch daran liegt, dass ich sonst gar keine kuscheligen, bequemen Möbel habe und das Sofa ist für meine Hündin Stella reserviert. Mein Rat: Man sollte sich nicht nur von der Optik leiten lassen. Das Bett ist auch das teuerste Stück in der Wohnung. Kein Designerteil, sondern vom Otto-Versand. Da ich gern und viel Zeit im Bett verbringe, habe ich mir ein superkomfortables Boxspringbett gegönnt. Aber ich bin jetzt auch in einem Alter, in dem ich sage, es muss dieses Stück sein oder keins. Mit der Billigversion gebe ich mich nicht mehr zufrieden.

Bei Dir sieht es wahnsinnig ordentlich aus.

Haha, danke fürs Kompliment. In Wahrheit fällt es mir wahnsinnig schwer, Ordnung zu halten. Darum werde ich auch immer besser im Ausmisten. Je weniger man hat, desto weniger muss man aufräumen. Und ich hasse aufräumen und putzen. Die Farben und Muster täuschen darüber hinweg, aber eigentlich bin ich sehr minimalistisch eingerichtet. Es steht nicht viel herum, alles hat seinen Platz. Bei mir gibt es keine offenen Gewürzregale oder tausend Fläschchen, die einstauben könnten. Hier schaffe ich es, ordentlicher zu sein, aus Respekt vor der Wohnung. Weil ich mich noch mehr an ihr erfreue, wenn sie schön ist.

Der Curvy-Spiegel von Jonathan Adler ist eines von Kerstins Lieblingsstücken.

Immer ein gutes Händchen für ausgefallene Stücke: Die »Finger-Stühle« hat Kerstin auf Ebay entdeckt, angeboten von einem Nagelstudio in Wuppertal.

> Wir leben in einer Zeit, in der wir uns für das Internet präsentieren. Früher luden wir unsere Freunde zu uns nach Hause ein, heute kuratieren wir unsere Wohnung und zeigen sie auf Instagram.

Kannst Du Dich gut von etwas trennen?

Mittlerweile ja. Sogar von kultigen Designersachen. Das gilt für Möbel wie für Mode. Wenn deren Zeit abgelaufen ist und ich das Gefühl habe, sie geben mir nichts mehr, kommen sie weg.

Wo wir gerade bei der Mode sind: Du hast Dich mal als Trüffelschwein für Plus-Size bezeichnet.

Ja. Vielleicht profitiere ich vom fehlenden Modemut der anderen. Denn meist sind es doch die ausgefallenen, extravaganten Teile, die im Sale landen, und da finde ich immer was. Wenn ich die Sachen dann trage, werde ich oft darauf angesprochen und denke, es ist so schade, dass Muster und Farben bei der deutschen Frau immer noch nicht so der Renner sind. Zum Glück ändert sich das gerade. In schwierigen Zeiten wird die Mode bunter.

Sich auffällig zu kleiden, dazu gehört ein gewisser Mut.

Ach, ich weiß gar nicht, ob ich so mutig bin. Aber allein durch meine Statur und meine Größe von 1 Meter 80 falle ich sowieso schon auf. Dann kann ich auch richtig auffallen. Und je mehr du überzeugt bist, von dem was du tust, desto mehr positives Feedback bekommst du.

Hast Du modische Vorbilder?

Iris Apfel finde ich extrem inspirierend, weil sie ihren farbenfrohen, exzentrischen Stil auch im hohen Alter von 100 Jahren noch trägt und beibehält. Mich beeindruckt auch die japanische Künstlerin Yayoi Kusama, weil hinter ihren fröhlich-bunten Kunstwerken eine sehr verletzliche Seele steckt.

Du hast lange als PR-Agentin in der Modebranche gearbeitet. Wie siehst Du die Entwicklung auf dem Plus-Size-Markt?

Bis vor einigen Jahren gab es in unseren Größen noch viel weniger Auswahl. Das ist klar besser geworden. Früher waren Cape, Poncho oder Kaftan die meistgesuchten Kleidungsstücke bei mir. Stichwort: Alles muss versteckt sein. Ich bin ja noch aus der Generation »Kaschieren«, aufgewachsen mit dem Modediktat, dass man sich ab einer bestimmten Größe besser verhüllen sollte. Trotzdem findet man unter Plus-Size immer noch viel zu selten gewagten Style. Ich würde mir wünschen, dass die Modefirmen auch ihre Runaway-Kollektionen in allen Konfektionsgrößen anbieten. Was den Plus-Size-Markt angeht, hängt Deutschland noch ganz schön hinterher. Ich schaue hauptsächlich bei britischen oder amerikanischen Labels, die unsere Zielgruppe besser bedienen.

> **Ich komme mit wenig aus und brauche nicht viel, um glücklich zu sein. Das Wichtigste ist für mich: immer frei und flexibel zu bleiben.**

Wie waren Deine Erfahrungen in der Modewelt?

Als ich vor mehr als 20 Jahren anfing, waren wir von Diversität noch weit entfernt. Es gab weder #metoo-Debatten noch curvy Models. Gerade in der Modebranche wurden die gängigen Schönheitsideale rauf und runter propagiert. Trotzdem wurde ich vor allem für meine Arbeit, meine Konzepte und meine Persönlichkeit geschätzt. Aber da hat sich glücklicherweise in den vergangenen Jahren in jeglicher Hinsicht unheimlich viel getan: im Umgang miteinander, in den Arbeitsstandards, auf dem Bekleidungsmarkt und in unseren Sehgewohnheiten. Vieles von dem, was wir damals so alles gemacht haben, wäre heute ein absolutes No-Go.

Die Modebranche kann aber auch ganz schön gnadenlos sein, wenn man nicht dem Schönheitsideal entspricht.

Ich hatte nie das Gefühl, ausgegrenzt zu werden. Gerade die Entertainment-Lifestyle-Welt ist doch die, in der bunte Vögel, Menschen, die anders sind, immer einen Platz finden. Dumme Sprüche musste ich mir eher bei uns auf dem Land anhören. Blöd war nur, dass ich in all die tollen Designermarken, für die wir die PR machten, nicht reinpasste. Mir blieben nur die Accessoires.

Hat sich durch Body Positivity bei Dir etwas verändert?

Sehr viel sogar. Die Bewegung, die ja vor allem auf Social Media stattfindet, hat mir viel Mut gemacht. Ich bin allen, die sich dafür engagieren, extrem dankbar. Hätte ich als Jugendliche so einen Support und solche Vorbilder gehabt, hätte ich mich schon früher im Badeanzug an den Strand getraut. Grundsätzlich wäre die Welt eine bessere, wenn wir alle etwas vorurteilsfreier und offener auf andere zugehen würden. Wir müssen endlich alle Menschen akzeptieren. Egal, wie sie aussehen.

Du inspirierst andere auch: Unter @kersykiddo zeigt Du Deinen Lifestyle. Könntest Du Dein Einrichtungstalent nicht auch beruflich nutzen?

Wenn man sein Hobby zum Beruf macht, geht oft die Leichtigkeit verloren. Aus Spaß wird Arbeit. Das hat mich auch vom Bloggen abgehalten. Und ich sehe Social Media zweischneidig. Instagram kann einen unter Druck setzen. Wir leben in einer Zeit, in der wir uns für das Internet präsentieren. Früher luden wir unsere Freunde nach Hause ein, heute kuratieren wir unsere Wohnung und zeigen sie auf Instagram. Klar, mache ich ja genauso. Auch meine Fotos sind nur perfektionierte Momentaufnahmen, ohne die hässlichen Ecken, die es hier ebenso gibt. Auch ich reproduziere einen Lifestyle, der nicht immer der Realität entspricht. Und da beginnt das Problem: Gerade wir Frauen neigen dazu, uns zu vergleichen. Dann sehen wir überall diese tollen Frauen, tollen Einrichtungen und Klamotten und fragen uns, warum wir nicht so leben. Dieser Perfektionswahn auf Instagram nervt manchmal ganz schön, weil er Eitelkeiten normalisiert. Gleichzeitig passiert so viel Gutes über die sozialen Kanäle. Marginalisierte Gruppen haben die Möglichkeit, auf sich aufmerksam zu machen, sich zu vernetzen und Communitys aufzubauen.

Kreativität macht erfinderisch: Ein schlichtes Metallregal vom Möbelmarkt wird in der Knallfarbe Orange zum absoluten Eyecatcher.

Wie möchtest Du später einmal leben?

In einer Alters-WG, wo mittags alle zusammen kochen, sehe ich mich eher nicht. Ich habe überhaupt kein Problem, allein zu sein und zu leben. Ich komme gut mit mir selber klar und brauche niemanden, um mich vollständig zu fühlen. Es würde mir aber auch nichts ausmachen, mich zu verkleinern, weniger in die Miete zu investieren und das Geld stattdessen für Reisen auszugeben. Mein Traum wäre eine Nilkreuzfahrt. Bevor ich hier einzog, wohnte ich in einem kleinen möblierten WG-Zimmer zur Untermiete. Das war eine wunderschöne Zeit. Vor allem, weil ich gemerkt habe, dass ich auch mit wenig auskommen kann und nicht viel brauche, um glücklich zu sein. Es war ein unglaublich befreiendes Gefühl zu wissen, dass mein ganzes Hab und Gut in einen Kombi passt und ich jeden Tag einfach losfahren könnte. Das Wichtigste ist für mich: frei und flexibel zu sein.

‘Ich bin mit einem Körper gesegnet, der sich ständig verändert.

Das finde ich super,

| **RIHANNA** IN »THE CUT« |

‘Sport hat mein Leben lebenswerter gemacht’

ELLY MAGPIE

Fitnesstrainerin | Personal-Coach

Die Österreicherin hat sich 2018 an der Personal Fitness Academy (PFA) zur diplomierten Personal-, Gesundheits- und Functional-Trainerin ausbilden lassen. Seit 2020 betreibt sie in Wien ihr eigenes Studio »Fitness for everyBody« und gibt auch Online-Kurse. Zuvor hat sie jahrelang in der Finanzbranche gearbeitet.

Wenn es um Sport und Fitness geht, haben die meisten erstmal einen athletischen, durchtrainierten und fast immer schlanken Körper vor Augen. Die Medien und das Internet befeuern dieses Klischee noch – sie sind voll mit perfekt aussehenden, gestählten Bodys mit Idealmaßen. Dick und sportlich dagegen – das passt für viele nicht zusammen. Und dann noch eine Fitness-Trainerin, die mehr als 100 Kilo wiegt? Den besten Gegenbeweis liefert Elisabeth Axmann-Marcinkowski. Unter ihrem Künstlernamen »Elly Magpie« hat die Österreicherin 2020 in Wien das erste inklusive und body-positive Sportstudio »Fitness for everyBody« eröffnet. Ein Ort, an dem jede:r völlig unabhängig von Gewicht und Körperform Sport machen kann, ohne dabei komisch angeguckt oder bewertet zu werden. Ein Safe Space, der allen Menschen Bewegung in einem diskriminierungsfreien Raum ermöglicht. Dort bietet die 34-Jährige auch selbst die verschiedensten Fitness-Programme und Kurse an.

Du hast in Wien »Fitness for everyBody« gegründet. Sollten Sportstudios nicht grundsätzlich für alle da sein?

Im Prinzip schon, aber in der Praxis sieht es anders aus. Vor allem im Fitness-Bereich wird man oft verurteilt, wenn man einem Körpertyp entspricht, der gesellschaftlich nicht gerne gesehen wird. Ich weiß selber, wie es ist, wenn man mit einer Figur wie meiner in ein Fitness-Studio geht. Die Blicke von allen Seiten kann man gar nicht ausblenden, auch wenn man es versucht. Gleichzeitig habe ich aber gemerkt, dass mir Sport unheimlich guttut, obwohl ich nicht dem Ideal entspreche.

> Ich möchte den Menschen, die zu mir kommen, ein gutes Körpergefühl und den passenden Umgang mit ihrem eigenen Körper vermitteln. Sportlich und mental, ohne irgendwelche Schönheitsideale zu verfolgen.

Ist daraus die Idee entstanden, ein eigenes Studio zu gründen?

Da muss ich etwas ausholen. So mit etwa 21 Jahren habe ich den Sport für mich entdeckt. Nicht von heute auf morgen, aber es entstand eine richtige Liebe zum Thema Bewegung. Ich habe alle möglichen Sportarten ausprobiert, von Capoeira über African Dance, bis ich irgendwann beim Crossfit landete. Bei allem, was ich ausprobierte, machte ich dieselbe Erfahrung: Die meisten Trainer:innen waren mit meiner Statur überfordert oder fanden es eher »anstrengend«, weil sie auf mich »Rücksicht« nehmen mussten. Mich selber hat es jedes Mal große Überwindung gekostet, zum Sport zu gehen. Und so wie mir geht es vielen anderen Mehrgewichtigen auch. Daraus entwickelte sich die Idee, einen Ort zu erschaffen, wo auch sie sich wohlfühlen können.

Welche Reaktionen bekommst Du? Wie wird Dein Studio angenommen?

Während der Pandemie mussten wir schließen. Jetzt haben wir wieder geöffnet. Und es war so schön zu sehen, dass die Leute wiedergekommen sind und gesagt haben: »Es fühlt sich an, als würde ich heimkommen.« Eine schönere Bestätigung gibt es nicht.

Kommen nur mehrgewichtige Menschen zu Dir?

Nein. Und es ist mir sehr wichtig zu betonen, dass genau das nicht meine Intention ist. Meine Klientel ist bunt gemischt. Zu mir kommen die unterschiedlichsten Menschen mit den unterschiedlichsten Figuren. Mein Studio soll ein sicherer Ort sein für alle, die ihn brauchen. Wir wollen uns auf keinen Fall abschotten oder verstecken. Wie soll es denn zur Gleichberechtigung aller Körperformen kommen, wenn wir nicht alle in der Öffentlichkeit sehen?

Es ist doch paradox: Einerseits werden Dicke für ihr Dicksein diskriminiert. Wenn sie dann aber Sport machen, werden sie ausgelacht. Wie erklärst Du diesen Widerspruch?

Es ist ein Teufelskreis. Du gehst ins Fitness-Studio und wirst blöd angeschaut. Dann verkriechst du dich daheim und hast noch weniger Bewegung. Wie soll man eine Besserung erwarten, wenn man mit dem Finger auf dicke Menschen zeigt, die Sport machen? Die Art und Weise, wie wir gesellschaftlich mit unterschiedlichen Körpern umgehen, ist total kontraproduktiv. Deshalb ist es so wichtig, dass wir darüber reden und dass Diversität endlich zur Normalität wird.

Dicke und Sport – das passt nicht zusammen. Was denkst Du über diese Aussage?

Wenn man mich auf der Straße sieht, dann ist das Letzte, was den meisten Leuten einfällt, dass ich sportlich bin. Und wenn ich dann noch sage, dass ich Trainerin bin, schauen sie mich verdutzt an. Genauso, wie sie erstaunt gucken, wenn ich auf dem Weg zur U-Bahn zwei Treppenstufen auf einmal nehme. Dass jemand dick und sportlich ist, halten nur wenige Leute für möglich.

Wie sieht die öffentliche Wahrnehmung aus?

Überall wird uns suggeriert, dass Sport vor allem etwas für dünne Menschen ist. Außerdem wird Sport meist mit Abnehmen assoziiert, Selbstoptimierung steht dabei im Vordergrund. Wie gesellschaftlich mit dem Thema Sport umgegangen wird und wie es auch in Schulen praktiziert wird, ist schwierig, weil es nur darum geht, Leistung zu erbringen.

> Dicken Menschen wird auch im Sport viel zu wenig zugetraut.

Dabei ist Bewegung etwas sehr Persönliches, etwas, das man vor allem für sich selbst tut. Und das Spaß machen soll. Und natürlich können sich auch Mehrgewichtige gut bewegen. Wir haben nur viel zu selten den Raum bekommen, uns zu zeigen und damit auseinanderzusetzen.

Was ist Dir bei Deinen Programmen besonders wichtig?

Sie sind ganz stark auf Individualität ausgerichtet. Jede und jeder hat andere Bedürfnisse, einen anderen Körper und braucht auch im Sport Übungen, die individuell angepasst sind. Ganz nach dem Motto:

Das ist mein Körper und ich tue das, was mir guttut. In meinem Studio und auch in meinen Online-Programmen gibt es keinen Leistungsdruck, es geht nicht um Perfektion. Ich möchte den Menschen, die zu mir kommen, ein gutes Körpergefühl und den passenden Umgang mit ihrem eigenen Körper vermitteln. Sportlich und mental.

Welche Rolle spielt die mentale Einstellung beim Sport?

Eine unglaublich wichtige. Darum ist ein Safe Space gerade beim Sport so wichtig. Unser Körper ist das Persönlichste, was wir haben. Und es gibt einem einfach kein gutes Gefühl, wenn man etwas wagt und gleichzeitig weiß, dass es von anderen verurteilt wird. Wir erleben es tagtäglich, dass jemand denkt, er habe das Recht, sich negativ über einen

> **‘Wenn man mich auf der Straße sieht, dann ist das Letzte, was den meisten Leuten einfällt, dass ich sportlich bin.**

anderen Körper zu äußern. Deshalb ist es so wichtig, in einem Umfeld anzufangen, in dem man vor Bewertungen sicher ist und an dem man sich wohlfühlt.

Wie kann Sport die Beziehung zum eigenen Körper verändern?

Für mich war Sport der Auslöser, dass ich meinen Körper besser kennengelernt und Vertrauen in ihn entwickelt habe. Für mich war es unglaublich festzustellen, was ich alles mit meinem Körper machen kann, wozu er in der Lage ist. Übungen, bei denen andere sagten, das ginge mit meiner Figur nicht. Mir hat der Sport viele Möglichkeiten eröffnet, auch Dinge auszuprobieren, die ich mich früher nie getraut hätte. Sport hat mein Leben lebenswerter gemacht.

Welche Beziehung hast Du heute zu Deinem Körper?

Im Vergleich zu früher habe ich jetzt eine unglaublich schöne Beziehung zu meinem Körper. Lange Zeit war sie von Hass geprägt und das hat mich in vielerlei Hinsicht negativ beeinflusst. Die Veränderung kam aber nicht von heute auf morgen. Mittlerweile sehe ich, was mir an meinem Körper nicht gefällt, aber es löst in mir keine negativen Gefühle mehr aus. Dass ich mit mir zufrieden bin, obwohl ich nicht dem sogenannten gesellschaftlichen Ideal entspreche, macht so vieles im Leben leichter.

Welche Tipps hast Du für Menschen, die sich schon lange nicht mehr an Sport herangetraut haben?

So langsam und so simpel wie möglich starten. Step by step. Man neigt am Anfang dazu zu übertreiben. Dabei reicht es, mit leichten Schrittübungen zu beginnen oder einfach nur spazieren zu gehen. Man sollte Geduld haben und sich alle Zeit der Welt nehmen. Man kann sich auch Hilfe holen. Es gibt viele gute Trainer:innen mit Empathie, die einem ohne Druck dabei helfen, wieder in Bewegung zu kommen. Das verlernt man tatsächlich, wenn man sich nicht mehr vertraut.

Worauf sollte man als mehrgewichtige Person achten?

Ganz wichtig ist es, beim Training auf die Gelenke zu achten. Sie sollten nicht zu stark belastet werden. Der größte Fehler ist sicherlich, wenn man uns die gleichen Trainingsprogramme und Übungen durchlaufen lässt wie Menschen, die viel weniger wiegen oder ganz andere körperliche Voraussetzungen haben. Liegestütze machen bei über 100 Kilo wenig Sinn, aber dafür sind zum Beispiel meine Beine viel kräftiger und ich kann damit viel mehr machen als andere.

Welche Übungen empfiehlst Du für den Anfang?

Das ist sehr individuell. Jeder Körper ist anders, darauf sollten die Übungen abgestimmt sein. Am wichtigsten ist es, mit etwas anzufangen, was sich gut anfühlt. Ich verrate gern meine Lieblingsübung, die leicht adaptiert werden kann: »Overhead press to High Knee« – eine Übung, die den Körper kräftigt, gut für die Ausdauer ist und dabei noch die Gelenke schont. Dabei steht man aufrecht und zieht die Arme in eine ausgestreckte Position über den Kopf. Danach zieht man beide Arme angewinkelt nach unten und führt die Ellenbogen zum nach oben gezogenen Knie. Das Standbein wechselt dabei zwischen links und rechts. Diese Abfolge fünf Mal wiederholen, jeweils mit einer Minute Belastung und 15 Sekunden Pause. Wenn die Übung gut funktioniert, kann man sie noch mit einer Kurzhantel oder einem Medizinball erweitern.

Interview: Carina Eckl

‘Ich hätte nie gedacht, dass ich mit meinen Kurven so glücklich sein kann.

Es ist die pure Glück - seligkeit,

| **MARIAH CAREY** AUF ABC NEWS |

‘Das Beste, was Du für Dich und Deinen Körper tun kannst: Wirf alle Essensregeln über Bord’

DR. ANTONIE POST

Ernährungstherapeutin | Keynote-Speakerin

Dr. Antonie Post ist Ernährungstherapeutin und Keynote-Speakerin. Nach dem Studium war sie mehrere Jahre als Wissenschaftsjournalistin und Medizinredakteurin tätig. Seit 2019 arbeitet sie nach den Prinzipien von Health At Every Size® in ihrer Praxis für gewichtsneutrale Ernährungsberatung und -therapie. Außerdem unterhält sie ihren erfolgreichen Ernährungs-Podcast »Iss doch, was du willst!« mit mehr als 25 000 Hörer:innen. Mit ihrem Mann, zwei Kindern und einem Hund lebt die 40-Jährige nördlich von Stuttgart.

Gelernt ist gelernt: Dr. Antonie Post hat einige Jahre als Journalistin und Medizinredakteurin gearbeitet und weiß, dass es manchmal markige Sätze braucht, um die Aufmerksamkeit der Leser zu erreichen. Also kommen von ihr gern mal Zitate wie »Diäten machen krank. Sie sind reine Geldmacherei«, »Iss doch, was Du willst!« oder »Wirf alle Essensregeln über Bord«. Das hört sich provokant an, ist aber nicht einfach nur so dahingesagt. Denn Dr. Antonie Post kennt sich aus mit der Materie. Sie ist promovierte Ernährungswissenschaftlerin, zertifizierte Diät- und Ernährungsberaterin und hat sich voll und ganz den Themen Essen, Ernährung und Gesundheit verschrieben. Was auch damit zu tun hat, dass sie selbst eine jahrzehntelange Odyssee an Diäten hinter sich hat. In ihrer Praxis für gewichtsneutrale Ernährungsberatung arbeitet sie nach den Prinzipien von Health At Every Size® und unterstützt nicht nur Frauen dabei, Frieden mit dem Essen und ihrem Körper zu schließen.

Was genau versteht man unter Health At Every Size?

Stell dir vor, du könntest alles essen, was du willst und es auch wirklich genießen. Du würdest deinen Körper akzeptieren, wie er ist, und du hättest Lust auf Bewegung, nicht um Kalorien zu verbrennen, sondern einfach, weil du Spaß daran hast. Das ist die Idee hinter Health At Every Size (HAES). Es ist eine medizinisch erprobte und ganzheitliche Methode, die einem helfen kann, seine Gesundheit und sein Wohlbefinden zu verbessern und Frieden mit seinem Körper und dem Essen zu schließen – und zwar unabhängig vom Gewicht. Das hört sich erst einmal ungewohnt an, weil viele immer noch glauben, Dicksein sei die Ursache für viele Krankheiten. Doch immer mehr wissenschaftliche Studien zeigen, dass Gesundheit nichts mit dem Gewicht zu tun haben muss.

Abnehmen steht bei HAES also nicht im Vordergrund?

Nein. Es geht darum, die eigene Gesundheit mit einem ganzheitlichen Ansatz zu verbessern, der körperliche wie auch mentale Aspekte einschließt. Dabei lernen wir vor allem, wieder mehr auf unsere Bedürfnisse zu hören. Wenn wir gesündere Gewohnheiten in unser Leben integrieren, kann es sein, dass wir dabei auch an Gewicht verlieren. Es ist aber nicht das erklärte Ziel.

HAES ist also mehr als nur ein neues Ernährungskonzept?

Weit mehr. Dahinter steht eine Bewegung für mehr Körperrespekt. Respekt vor dem eigenen Körper, aber auch vor dem der anderen, ohne jede Ausnahme. Egal, wie er aussieht. In Deutschland etabliert sich der Begriff Health At Every Size gerade erst, dabei ist es kein neuer Trend.

Seit wann gibt es HAES?

Seit fast 50 Jahren. Das Konzept hat seinen Ursprung in der amerikanischen Fett-Akzeptanz-Bewegung in den 1970er-Jahren. 2003 hat die Association for Size Diversity and Health (ASDAH) das Programm konkretisiert und den Begriff Health At Every Size und HAES markenrechtlich schützen lassen. Die ASDAH ist eine gemeinnützige Organisation, die sich für mehr soziale Gerechtigkeit einsetzt. Ihr Ziel ist eine Gesellschaft, in der Körper aller Formen und Größen akzeptiert werden, in der das Körpergewicht kein Anlass mehr für Diskriminierung ist und in der auch sozial Benachteiligte einen gleichberechtigten Zugang zu Gesundheit haben. Die Kernbotschaft hinter HAES lautet, dass nicht das Körpergewicht dicke Menschen krank macht, sondern Diäten und eine Gesellschaft, die verschiedene Körper nicht als gleichwertig akzeptiert.

> **Das Ziel von HAES ist eine Gesellschaft, in der Körper aller Formen und Größen akzeptiert werden, in der das Körpergewicht kein Anlass mehr für Diskriminierung ist.**

> **Essen ist ein Grundbedürfnis. Aber jede Diät ist eine Art von restriktiver Ernährung, die uns daran hindert, unsere Bedürfnisse wahrzunehmen.**

Wie funktioniert Health At Every Size?

Den meisten Diäten liegt ein strikter Plan zugrunde, an den man sich halten soll. Dabei wird übersehen, dass jede Art restriktiver Ernährung uns daran hindert, unsere Bedürfnisse wahrzunehmen und auszuleben. Erfüllte Bedürfnisse sind jedoch die Voraussetzung für unser Wohlbefinden. Sind sie erfüllt, geht es uns gut. Werden sie nicht erfüllt, verursacht das Stress und wir erleben dieses Defizit als etwas Negatives. Essen und vor allem Hunger zu stillen, ist ein Grundbedürfnis, dem wir bei einer Diät nicht mehr ungehindert nachgehen dürfen.

Was ist bei HEAS anders?

Das ist ein komplett anderes Konzept. Es gibt keine konkrete Anleitung, wie man sein Essverhalten ändern soll. HAES lässt sich eher als Anleitung zur Persönlichkeitsentwicklung betrachten, die auf drei Säulen steht: Körperakzeptanz, intuitiver Ernährung und Bewegung aus Freude. Das Beste aber, das du für dich und deine Gesundheit tun kannst: Wirf alle Essensregeln über Bord.

Du sagst Diäten den Kampf an. Warum?

Diäten sind reine Geldmacherei, dahinter steckt eine riesige Industrie, die 2020 weltweit geschätzte 423 Milliarden Dollar umgesetzt hat. Seit Jahrzehnten gibt es genügend wissenschaftliche Daten, die belegen, dass Diäten krank machen und nichts bringen. Sie führen in den seltensten Fällen langfristig zu einem schlankeren oder gesünderen Körper. 95 Prozent aller Diäten scheitern, zwei Drittel der Personen wiegen danach sogar mehr als vorher. Und das liegt weder an mangelnder Disziplin noch daran, dass sich dicke Menschen nicht genügend anstrengen oder gar zu blöd dazu sind. Ich will gar nicht wissen, wie viele Diäten ich schon gemacht habe, die alle nicht geholfen haben. Es war ein ewiger Kreislauf aus abnehmen, hungern, Essanfällen, exzessivem Sport und völliger Verweigerung.

Hör auf, andere Körper zu kommentieren – weder positiv noch negativ. Sage dir immer wieder: Ich bin gut, wie ich bin – ohne jede Einschränkung. Und: Lass die Diäten!

Woran liegt es, dass die meisten Diäten scheitern?

Der Jo-Jo-Effekt ist eine evolutionär bedingte Schutzmaßnahme des Körpers. Er erlebt eine Diät wie eine Hungersnot, der Stoffwechsel wird heruntergefahren und sobald es wieder etwas zu essen gibt, beugt er vor, falls wieder schlechte Zeiten kommen. Das Ergebnis: Man nimmt wieder zu. Das ist reine Biologie. Trotzdem verschwenden wir unsere Zeit und unsere Energie darauf, um einem vermeintlichen Ideal zu entsprechen, das gerade mal fünf Prozent erreichen können. Schlimmer noch: Die Fixierung auf das Gewicht fördert Ess- und Angststörungen.

Warum verordnen viele Ärzt:innen Menschen mit hohem Gewicht trotzdem als Erstes eine Diät?

Leider wird auch in unserem Gesundheitssystem häufig »schlank« mit »gesund« gleichgesetzt. Viele Ärzt:innen sehen ein hohes Körpergewicht immer noch als Ursache zahlreicher Krankheiten, was nachweislich nicht stimmt. Dennoch wird Dicken als Lösung ihrer gesundheitlichen Probleme oft pauschal gesagt, sie müssten abnehmen. Dabei wäre es viel wichtiger, die Patienten in ihrer Gesamtheit zu sehen und zu untersuchen.

Handeln die Mediziner mit Vorsatz?

Ich bin sicher, die meisten Ärzt:innen haben ihren Beruf gewählt, um Menschen zu helfen und verhalten sich nicht absichtlich diskriminierend. Wir leben in einer Diätkultur, deren Glaubenssätze auch Mediziner verinnerlicht haben. Es ist erwiesen, dass dicke Menschen gesundheitlich schlechter versorgt werden. Zudem gibt es Studien, die besagen, dass sich Ärzt:innen vor dicken Menschen ekeln und wichtige Untersuchungen deshalb nicht durchgeführt werden, zum Beispiel bei der Brustkrebsvorsorge. Wer aber schlechte Erfahrungen gemacht hat, meidet das nächste Mal den Arztbesuch. Und je länger jemand mit der

Behandlung wartet, desto schlechter werden die Heilungschancen. Da wundert es nicht, dass dicke Menschen statistisch tatsächlich kränker sind als schlanke.

Müssten es nicht gerade die Experten besser wissen?

Schön wär's. Die Grundlagen für Fatshaming werden oft schon während der Ausbildung gelegt. Ich habe Ernährungswissenschaften studiert und während meines gesamten Studiums kam in keinem Seminar oder einer Vorlesung das Thema Gewichtsdiskriminierung zur Sprache, geschweige denn, welche Folgen daraus resultieren. Meine Dozent:innen haben damals alle das Narrativ »Dicksein ist ungesund« wiedergegeben. Im Medizinstudium ist es leider ähnlich. Dort wird immer noch vermittelt, dass viele Krankheiten auf ein hohes Körpergewicht oder aufs Rauchen zurückzuführen sind. Gerade lasse ich mich zur Ernährungsberaterin ausbilden. In den Fortbildungen erlebe ich noch immer eine unterschwellige oder ganz offene Fettfeindlichkeit, vor allem unter Frauen. Fast jede dicke Person hat schon Stigmatisierung und Diskriminierung erlebt.

Andersherum bekommt jemand, der abnimmt, Komplimente dafür.

Schlimm. Das fördert den Diätwahn, denn es gibt der Person zu verstehen, dass ihr Wert nur von ihrem Aussehen und ihrer Figur abhängig ist. Ich sage immer: Hört endlich auf, Körper und Essverhalten zu bewerten und zu kommentieren.

> ‘ **Jede vierte Diät endet in einer Essstörung.**

Viele sind ganz euphorisch, wenn sie abgenommen haben.

Ja, viele Menschen machen eine Diät, nehmen ab und fühlen sich besser. Dann denken sie, das läge allein an den verlorenen Kilos. Vergessen aber, dass sie sich während der Diät vielleicht auch mehr bewegt, Yoga gemacht oder an ihrer Achtsamkeit und ihrem Stressmanagement gearbeitet haben. Vielleicht sind sie auch früher zu Bett gegangen, um nicht ans Essen zu denken, dadurch schlafen sie mehr und fühlen sich fitter. Die Diät allein ist meist nicht die Ursache ihres Wohlbefindens.

Du rufst dazu auf, jeden Tag einen Anti-Diät-Tag zu feiern.

Das ist nicht meine Erfindung. Der internationale Anti-Diät-Tag am 6. Mai wurde 1992 von der britischen Feministin Mary Evans

Young ins Leben gerufen. Die Gründerin wollte damit darauf hinweisen, dass Diäten alles andere als harmlos sind. Sie können der Anfang einer gefährlichen Essstörung sein, in der tatsächlich jede vierte Diät endet und behandelt werden muss. Stattdessen wird Körpervielfalt gefeiert und auf die Diskriminierung von Menschen mit höherem Körpergewicht aufmerksam gemacht. Fettfeindlichkeit haben wir alle so sehr verinnerlicht, dass es nicht reicht, einmal im Jahr darauf hinzuweisen. Wir sollten jeden Tag hinterfragen, wie schädlich Diäten und unsere Fixierung auf die herrschenden Schönheitsideale sind. Damit treiben wir junge Menschen in eine Essstörung.

Werden vor lauter Fixierung auf Übergewicht die Gefahren der Magersucht übersehen?

Anorexie ist die häufigste Todesursache bei jungen Frauen. Es ist eine sehr ernstzunehmende Krankheit. Essstörungen ziehen häufig bleibende Schäden der Organe nach sich und können zu Depressionen führen. Das wird leider noch viel zu häufig verschwiegen. Gleichzeitig wird oft übersehen und falsch diagnostiziert, dass hinter hohem Körpergewicht oft ebenso eine Essstörung steckt. Um sie zu verhindern, sollten wir uns als Erstes anschauen, welche Faktoren überhaupt zu Essstörungen führen oder sie begünstigen.

> **Diäten sind raffinierter geworden und werden getarnt. Wir machen keine Diäten mehr, sondern setzen heute auf »gesunde Ernährung« und einen »aktiven Lebensstil«.**

Hier kommt auch der Body-Mass-Index (BMI) ins Spiel, der oft zu Fehldiagnosen führt.

Ja, völlig absurd. Der BMI, auf deutsch Körpermasseindex, wird wortwörtlich als das Maß aller Dinge angesehen und bei Ärzt:innen häufig als alleinige Grundlage zur Diagnostizierung von Gesundheitsrisiken herangezogen. Liegt das Gewicht über einem bestimmten Wert, gilt der Patient als adipös, also fettleibig und risikogefährdet, obwohl Menschen mit hohem Körpergewicht kerngesund sein können.

Beim intuitiven Essen lernen wir, wieder mit Freude zu essen.

Noch absurder wird es, wenn man weiß, dass der BMI eine Maßzahl ohne echte wissenschaftliche Grundlage ist. Er ist lediglich ein grober Richtwert, der weder Statur noch Geschlecht noch die individuelle Zusammensetzung der Körpermaße berücksichtigt. Er wurde bereits vor fast 200 Jahren von Adolphe Quetelet entwickelt, einem belgischen Astronomen und Statistiker. Nach dem Ersten Weltkrieg setzte der Österreicher Ignaz Kaup die Berechnungen fort. Er bezeich-nete sich als Sozialhygieniker.

Man hat den Eindruck, dass sich die Menschen heute allgemein gesundheitsbewusster ernähren. Stimmt das?

Ich habe eher das Gefühl, dass Diäten heute nur raffinierter angepriesen und getarnt werden. Das Einzige, was sich geändert hat, ist die Art und Weise, wie wir unser Tun umschreiben: Wir machen keine Diät mehr, sondern setzen nun auf »gesunde Ernährung« und einen »aktiven Lebensstil«. Diät heißt heute Ernährungsumstellung. Aber egal, wie man die Konzepte nennt, am Ende geht es doch nur wieder um das Eine: ums Abnehmen. Machen wir uns nichts vor: Wenn eine Ernährungsumstellung bedeutet, dass man auf bestimmte Lebensmittel verzichten muss, dann ist es eine Diät. Und wenn wir irgendwelchen Konzepten mehr Macht einräumen als unseren innersten Bedürfnissen und diese konsequent ignorieren, auch dann ist es eine Diät.

Was empfiehlst Du stattdessen?

Gesunde Ernährung fängt erstmal damit an, dass man ausreichend isst, um mit genügend Energie versorgt zu sein. Im zweiten Schritt schaut man, wie wertstoff- und abwechslungsreich man sich ernährt.

Dein Podcast heißt: »Iss doch, was du willst.« Ist das Dein Ratschlag für eine gesunde Ernährung?

Natürlich will ich mit dem Titel auch polarisieren. Dass sich eine Ernährungswissenschaftlerin hinstellt und Essen ohne Einschränkungen propagiert, kennt man so nicht. Ich begrüße es sehr, wenn sich jemand gesund ernähren möchte. Aber nicht aus einem Zwang heraus, sondern einer inneren Motivation folgend. Das funktioniert nur, wenn man sich beim Essen erst einmal alles gestattet und aufhört, Lebensmittel moralisch zu bewerten.

Lebensmittel sind nicht pauschal gut oder schlecht. Es kommt immer auf den Kontext an.

Es gibt keine guten und schlechten Lebensmittel? Sie werden wertfrei betrachtet?

Man kann ein Messer nehmen, um jemanden zu erstechen oder um damit ein Brot in Scheiben zu schneiden. So ist es mit Lebensmitteln auch. Sie sind nicht pauschal gut oder schlecht. Es kommt immer auf den Kontext an. Manchmal hat man einen erhöhten Energiebedarf, dann braucht man Zucker. Gleichzeitig ist auch an vermeintlich gesunden Lebensmitteln nicht immer alles gut. Die Ökobilanz einer Avocado ist alles andere als toll. Man muss sich immer fragen, in welcher Situation man sich befindet und was der Körper gerade braucht. Wenn man sich wenig bewegt, reicht eine kleinere Mahlzeit. Bei hoher körperlicher Anstrengung sind andere Nährstoffe nötig. Es ist schade, dass eine der instinktivsten und emotionalsten menschlichen Tätigkeiten – nämlich das Essen – zu etwas so Stressigem und Problematischen geworden ist. Wir denken die ganze Zeit, wir müssten uns bewusst und gut ernähren, und fühlen uns schuldig, wenn wir es nicht tun.

Ein Aspekt von HAES ist auch intuitives Essen. Was genau ist damit gemeint?

Dabei geht es nicht nur um die absolute Essfreiheit, sondern darum, die inneren Signale wahrzunehmen und zu lernen, wieder mit Freude zu essen. Indem man Respekt für den eigenen Körper aufbaut, wächst die innere Motivation, sich auch gut um ihn zu kümmern. Er muss einem wieder vertrauen können. Während einer Diät muss man sich fast alles verkneifen, was man gern mag. Ich habe selbst eine 25-jährige Diäthistorie hinter mir, bevor ich zum intuitiven Essen und zu HAES fand.

Wie waren Deine Erfahrungen?

Früher waren Chips mein Angstlebensmittel, weil sie als das Ungesündeste überhaupt galten. Als ich sie mir dann erlaubte, habe ich sie bestimmt vier Wochen lang, meistens spätabends, gegessen. Mein Körper verlangte regelrecht danach. Offenbar wollte er testen, ob ich das mit der uneingeschränkten Essensfreiheit wirklich ernst meinte.

Nachdem mein Heißhunger gestillt war und mein Körper mir wieder vertraut hat, haben sie mich nicht mehr interessiert. Ich brauchte keine Chips in Massen mehr. Dafür renne ich heute schreiend davon, wenn ich noch einmal Hüttenkäse oder Reiswaffeln essen muss. Ich habe mir eingeredet, sie zu mögen, weil es hieß, sie seien gesund. Intuitives Essen führt dazu, dass Essen die Macht über einen verliert und man sich seine Selbstbestimmung zurückholt.

Wie fängt man mit Health At Every Size an?

Such Dir gleichgesinnte Menschen, die Dir guttun, um Bestätigung zu bekommen. Hör auf, Körper zu kommentieren – weder positiv noch negativ. Lös dich von Accounts, die Dir ein schlechtes Gefühl geben. Suche Accounts aus der Anti-Diät-Bewegung, um Dich zu empowern. Wirf alle Essensregeln über Bord und sage Dir immer wieder: Ich bin gut, wie ich bin – ohne jede Einschränkung. Und: Lass die Diäten!

‘Ich lasse all die fiesen Kommentare nicht an mich heran.

„Hey, ich bin eben eine ganze Menge Frau!“

| **KELLY CLARKSON** IM MUSIKMAGAZIN ROLLING STONE |

‘Als Mann kannst du dick sein und giltst trotzdem als männlich und sexy’

DANIEL ZILLMANN

Schauspieler | Musiker | Synchronsprecher

Daniel Zillmann ist nicht nur der einzige Mann in dem Buch, er ist auch einer der gefragtesten Schauspieler des Landes. Egal, ob im Kino, im Fernsehen oder auf der Bühne. Und er ist einer, der im Gedächtnis bleibt, weil er die Charaktere in seinen Rollen mit dieser ganz eigenen Mischung aus Präsenz, Humor und positiver Ausstrahlung ausfüllt und belebt. Über Rollenklischees, extravaganten Stil und seine Erfahrungen als mehrgewichtiger Schauspieler und Mann spricht der Urberliner in seiner Wohnung in Neukölln.

Hi. Hallo. Kommt doch rein. Erstmal einen Kaffee? Kekse? Kuchen hab ich leider nicht.« Daniel Zillmanns Begrüßung ist herzlich und locker. Vertraut fast. So, als würden wir uns schon ewig kennen. Was eigentlich nicht der Fall ist, aber trotzdem irgendwie stimmt, wenn man Schauspieler:innen im wirklichen Leben trifft. Schließlich hat man sie schon oft genug gesehen – im Fernsehen, auf der Leinwand oder auf der Bühne. Und bei Daniel Zillmann gab es dazu besonders viele Gelegenheiten. Was einerseits daran liegt, dass er schon als Jugendlicher seine ersten Auftritte hatte, und andererseits, dass er einer der gefragtesten Schauspieler im deutschsprachigen Raum ist. Er war in Kinofilmen wie »NVA« von Leander Haußmann zu sehen oder 2020 in den »Känguru-Chroniken«. Im Fernsehen spielte er in erfolgreichen Serien wie »Doctor's Diary«

und »Andere Eltern«, am Theater unter der Regie von Frank Castorf an der Berliner Volksbühne. Während er erzählt und redet, räumt er noch ein bisschen auf in seiner kleinen, aber feinen Hinterhofwohnung in Berlin-Neukölln, wo der 41-Jährige auch aufgewachsen ist. Seine Vermieterin ist Musiklegende Luci van Org, die als »Lucilectric« mit dem Riesenhit »Mädchen« bekannt wurde. Mit ihr zusammen hat Daniel Zillmann sich auch für das Musikprojekt KiNG MAMI zusammengeschlossen. Wenn darüber hinaus noch Zeit ist, arbeitet er als Synchronsprecher, schreibt eine Kolumne, dreht Musikvideos. Überhaupt sei das hier ein sehr kreatives Haus, sagt er, in dem viele Künstler leben. »Im Sommer treffen wir uns oft unten im Hof und geben spontan Konzerte.« Ein Umfeld, in das der Schauspieler mit seinem ausgesucht extravaganten Style bestens hineinpasst.

Daniel, Du bist hier der einzige Mann in diesem Buch. Gelten die gängigen Schönheitsstandards auch für Männer?

Männer haben es insofern leichter, weil Dicksein bei ihnen positiver bewertet wird. Als Mann kannst du groß und dick sein, und giltst bei vielen immer noch als männlich und sexy. Und wenn nicht sexy, dann zumindest als stark. Als einer, der beschützen kann. Sogar der weit verbreitete Männerbauch wird oft noch als süß und knuddelig angesehen. Ich möchte nicht wissen, was sich Frauen anhören müssten, wenn sie so ungeniert ihre Plautze in der Öffentlichkeit vor sich hertragen würde, wie das manche Männer tun.

Auch wenn es Männer offensichtlich leichter haben: Wie geht es Dir mit solchen Klischees?

Mit dem männlich-starken Image habe ich mich lange gar nicht wohlgefühlt. Das ist mir zu eindimensional. Ich hätte mir gewünscht, dass auch meine Zerbrechlichkeit und meine zarte Seele gesehen werden. Seiten, die ich ebenso in mir habe. Was mich noch mehr stört: Als Mann ist man oft der lustige Dicke. Nicht nur in meinen Rollen, auch privat. Auf Partys wird von mir erwartet, dass ich für Stimmung sorge und die Jokes mache. Das ist oft anstrengend. Ich bin zwar ein sehr kommunikativer Mensch, habe aber auch gern mal meine Ruhe.

Klischees, die ebenso in Filmen gern bedient werden. Oder wie erlebst Du das?

Zu Beginn meiner Karriere war meine Rolle oft der witzige Sidekick der Hauptfigur, ein stereotyper Charakter, den es gibt, solange es Filme gibt. Wir kennen ihn alle. Den lustigen Dicken, der immer für einen Lacher gut ist, während die Helden die Abenteuer bestehen. Die Figur, die danebensteht, wenn der Held die Frauen küsst. Und wenn er mal nicht den Lustigen spielt, dann drückt man dem Dicken zumindest etwas zu essen in die Hand.

Ist Dir das auch schon passiert?

Allerdings. Ich spielte mal einen Polizisten in einem Krimi, und während der Kommissar im Vordergrund die Leiche begutachtete, sollte ich im Hintergrund am Auto lehnen und in einen Döner beißen. Auf die Frage nach dem Sinn, meinte der Regisseur, so könne man doch gut erklären, warum die Figur so dick sei. Lächerlich. Dünne Schauspieler müssen ja auch nicht ständig an Salatblättern herumknabbern.

Wie reagierst Du da?

Mittlerweile kann ich mich ganz gut wehren, gebe Konter, mache entsprechende Ansagen. Natürlich nicht auf die Macho-Brutalo-Art, sondern mit Charme und Witz. Ich nehme solche Situatio-

> **Menschen mit meiner Figur sollten genauso selbstverständlich in Filmen repräsentiert sein wie die ewig Schönen, Dünnen, Weißen.**

nen heute gelassener und nicht mehr so persönlich. Denn sie zeigen mir nur, wie sehr wir alle noch in veralteten Strukturen feststecken.

Wie bist Du früher damit umgegangen?

Da hat mich so etwas viel mehr verunsichert. Drehorte waren nicht gerade meine Komfortzone. Ich erinnere mich noch gut an einen meiner ersten Drehtage, als mich ein Kollege gleich mal mit »Na, du dickes Kind« begrüßte. Vor dem ganzen Team. Da war ich gerade 16, mitten in der Pubertät und hatte sowieso mit mir zu kämpfen. Ich schämte mich zu Tode, weil ich überhaupt nicht damit umgehen konnte. Auch bei Kostümproben habe ich von Bodyshaming bis hin zu Verzweiflungsausbrüchen der Kostümbildner:innen alles erlebt. Heute ist es umgekehrt, da lassen sich die Stylist:innen von meinem Style und meinem Instagram-Profil inspirieren.

Ist es am Theater anders?

Nein, am Theater war es immer schon etwas progressiver. Da lieben es die Macher:innen, wenn Menschen unterschiedlichster Couleur und Form auf der Bühne stehen. Solche Erfahrungen waren es, die mein Selbstbewusstsein gestärkt haben. Ich begriff, dass es auch toll ist, wenn man anders aussieht und anders ist. Heute sehe ich Anderssein als meine Waffe.

Was muss sich ändern? Was wünschst Du Dir?

Es wäre schön, wenn es in Filmen nicht nur die eine dicke Wurst gibt, über die sich alle lustig machen. Warum bin ich meist der einzige Dicke neben fünf schlankeren Darstellern? Warum ist das Verhältnis nicht ausgeglichen? Menschen mit meiner Figur oder einer anderen Hautfarbe sollten genauso selbstverständlich in Filmen repräsentiert sein wie die ewig Schönen, Dünnen, Weißen. Die spiegeln doch gar nicht mehr unsere Gesellschaft. Wenn ich das mit Amerika, England oder Skandinavien vergleiche, gibt es dort in Filmen eine viel größere Vielfalt an Figuren und Hautfarben. Dicke haben eine viel längere Tradition. Schauspieler wie John Belushi, Melissa McCarthy oder Rebel Wilson dürfen durch Komik und durch Tiefgang glänzen.

Einiges hat sich auch bei uns getan. In Filmen wie »Andere Eltern« oder »Rampensau« spielt Dein Äußeres keine Rolle.

Auf jeden Fall. Ich meckere zwar manchmal über Benachteiligungen, weil ich dick und gay bin, aber grundsätzlich bin ich ein Optimist, der immer positiv nach vorne schaut. Luft nach oben ist immer, aber es tut sich gerade einiges. Casting-Agent:innen fragen vermehrt und gezielt nach Schauspielern, die anders sind. Die queer sind oder trans. Das

Modisch versiert – Daniel Zillmann in seinem Lieblingsoutfit: Die Nadelstreifenhose und die schwarze Weste sind Vintage, das Hemd ist von Asos, die Tasche von Versace. Das Bild hat seine Schwester gemalt.

Fit for Fun: Das tägliche Workout muss sein, und dafür ist auch in seiner 40-qm-Wohnung Platz.

Spektrum sexueller Orientierungen und sozialer Konstellationen wird im Film und im Fernsehen allmählich breiter und vielfältiger. Es gibt nicht mehr nur die klassische Mann-Frau-Paarung. Gleichzeitig merken die Unternehmen, dass Dicke, Queere oder People of Color auch Geld haben und man an ihnen verdienen kann. Vielfalt ist aktuell sehr gefragt und die Gesellschaft lernt gerade in allen Bereichen dazu.

Ebenso werden die Künstler:innen selber aktiv und wehren sich. Es passiert auf allen Ebenen viel.

Ich finde es toll, wie laut und öffentlich diese Themen angegangen werden. Wir halten nicht mehr still. Wir kämpfen nicht mehr allein, sondern schließen uns in Communitys zusammen. Ich bin auch in der ActOut-Gruppe. Einem Zusammenschluss von 185 Schauspieler:innen, die sich im Magazin der Süddeutschen Zeitung zu ihrer sexuellen Orientierung geoutet haben und von der Filmbranche mehr Diversität bei der Rollenauswahl fordern. Dabei geht es vor allem darum, Menschen dazuzuholen, die bisher zu wenig wahrgenommen wurden. Das passiert über Sichtbarkeit, aber auch über Sprache.

In Filmen wird bisher kaum gegendert. Wie stehst Du dazu?

Es wäre eine Umstellung, aber Sprache hat sich immer verändert und wir reden alle nicht mehr wie Goethe. Und wenn einer sagt, wegen ein paar queeren Menschen würde er seine Sprache nicht ändern wollen, dann finde ich das furchtbar ignorant. Jeder Mensch ist es wert, gehört zu werden. Und wenn sich jemand durch die Sprache verletzt fühlt, sollten wir das ernst nehmen und uns bewusst machen, was Worte auslösen können.

Die Liste Deiner Filme ist unfassbar lang, bei 100 habe ich aufgehört zu zählen.

Dazu kommen noch die Theaterarbeiten und Musikprojekte wie KiNG MAMI. Bist du ein Workaholic?

Ich packe meinen Terminplan immer sehr voll. Wenn ich rausgehe und arbeite, gebe ich Vollgas, aber danach ich brauche ich genauso die Phasen, in denen ich mich gehen lassen kann. Die gehören genauso zu meiner Natur. Da bin ich ganz bewusst faul, mache gar nichts und tanke so wieder Kraft. Ach, ich liebe den Müßiggang. Werde dann aber schnell wieder kribbelig. Wäh-

Musik trifft Fashion: Mit der Designerin Lisa Schwebel hat Daniel eine T-Shirt-Kollektion gelauncht.

rend ich drehe oder am Theater bin, fällt es mir leicht, in dieser Zeit auch Musik zu machen und Songtexte zu schreiben, weil ich da inspiriert und so im Flow bin.

Du hast sehr früh angefangen mit der Schauspielerei. Wie kam es dazu?

In der Grundschule, dritte Klasse, wurde für ein Theaterstück ein Kind gebraucht, das laut ist und den Text kann. Ich wurde genommen, spielte den König und hatte meine Berufung gefunden. Meine Eltern sagten nur: Ja gut, mach mal. Sie haben aber schnell gemerkt, dass es mir ernst ist. Und weil ich ein fleißiger, ehrgeiziger Steinbock bin, habe ich mich richtig reingehängt. Spielte in Theatergruppen, ging zu Castings, zu denen mich mein Vater brachte. Überhaupt haben mich meine Eltern sehr unterstützt. Mit 14 wollte ich meine eigene Agentin haben. Damals wollte ich unbedingt schnell berühmt werden. Heute, mit 40, geht es mir nicht mehr um den Fame. Sondern darum, dass ich das, was ich mache, liebe und dass jede Rolle eine Herausforderung ist, die mich weiterbringt.

Kommst Du aus einer künstlerischen Familie?

Kein bisschen. Mit unseren Künstlerberufen sind meine Schwester und ich die absoluten Exoten bei uns. Sie ist Modedesignerin und eine hervorragende Illustratorin. Der Rest der Familie ist ganz solide unterwegs, meine Eltern haben als Krankenpfleger gearbeitet. Sie sind grundehrlich, bodenständig, mit echter Berliner Schnauze. Mit ihrer Geradlinigkeit und ihrem Humor haben sie mir ein gutes Fundament mitgegeben.

Du bist in Berlin-Neukölln aufgewachsen. Da braucht man wahrscheinlich auch eine gute Portion Selbstbewusstsein. Eine gefestigte Basis.

Wenn ich an meine Kindheit denke, dann vor allem an ein Miteinander der Kulturen. Diversität war für uns gelebter Alltag und das Normalste der Welt. In den Hochhäusern wohnten Türken, Koreaner, Inder, Araber unter einem Dach. Das Lustige ist, dass alle übereinander gelästert haben. Die Türken haben sich über den Curry-Geruch bei der indischen Familie beschwert, die Koreaner darüber, dass die Türken immer so laut sind. Den Kindern war das egal. Wir haben nachmittags alle zusammen gespielt. Wir hatten keine Integrationsklasse, wir waren einfach eine gute Mischung.

Erinnerung an den Film »NVA« aus dem Jahr 2005: ein Regiestuhl mit seinem Namen.

BEST OF …
DANIEL ZILLMANN

KINOFILME
NVA (2005) von Leander Haussmann
Zettl (2012) von Helmut Dietl
Buddy (2013) von Bully Herbig
Die Känguru-Chroniken (2020)

FERNSEHEN
Deadline – Jede Sekunde zählt (2007–2008), Krimiserie SAT.1
Der letzte Bulle (2013), Krimiserie SAT.1
Rampensau (2019), Dramedy-Serie VOX
Andere Eltern (seit 2019), Comedy-Serie ZDF

THEATER
Die Brüder Karamasow (2015) und Faust (2017), Volksbühne Berlin
Der haarige Affe (2018), Schauspielhaus Hamburg

SYNCHRONSPRECHER KINO
Hotel Transsilvanien 1, 2 + 3 (2012, 2015, 2018)
Zoomania (2015)
Der König der Löwen (2019)

MUSIK
Norma Jeane Baker, Leadsänger
HüKST, Berliner Künstlerkollektiv
KiNG MAMI, Musikprojekt mit Luci van Org

In den 1980er-Jahren war das alles irgendwie toleranter und lockerer. Wobei ich mich später als homosexueller Jugendlicher mit Hang zur Extravaganz/Exzentrik schon oft fehl am Platze fühlte.

Anders als viele Männer hast Du Dich offenbar schon früh für Styling und Mode interessiert?

Ich hatte schon immer meinen ganz eigenen Style und der kann nicht ausgefallen genug sein. Goldene Jacken, fette Ketten, Oberteile aus rotem Leder mit Fransen dran, schimmernde Trainingsanzüge. Over the Top ist ist für mich längst noch nicht das Limit. Schon zur Einschulung trug ich Smoking-Jackett mit Fliege und dazu eine grün glitzernde Hose aus Satin. Damals war ich noch dünn und schlaksig. Man hat mich Mogli genannt. Dick wurde ich erst in der Pubertät, warum auch immer. Ach ja, weil ich gern esse. Ich dachte, ich esse doch gar nicht so viel, aber irgendwie muss man sich eingestehen: Doch, du isst zu viel und zu häufig! Manche sagen ja, sie nähmen schon zu, wenn sie eine Torte nur sehen. Nein, ich esse sie auch.

Fast jede Frau hat schon mal eine Diät gemacht. Wie ist das bei Männern? Männer auch?

Kann sein, dass Männer anders verstoffwechseln. Mein Freund kann essen, was er will, und nimmt nicht zu. Aber ich kenne genügend Männer, die Diäten machen, die reden nur weniger drüber. Auch ich habe eine Diäthistorie, hab einiges probiert. Mit wechselndem Erfolg. Seit Anfang des Jahres mache ich Intervallfasten. Es tut mir gut. Ich finde, ich bin in a good shape, wie man so sagt.

Dünn sein ist immer noch das erklärte Ziel vieler Frauen. Wie ist das bei Dir?

Schwierige Frage. Ich bin mir gar nicht so sicher, ob ich wirklich dünn sein will. Weil ich mich mittlerweile sehr wohlfühle in meinem Körper.

> **In meiner Kindheit war Diversität für uns gelebter Alltag und das Normalste der Welt.**

Ich hatte eine Phase mit 172 Kilo, das war zu viel. Da haben sich die Leute Sorgen um mich gemacht, meine Mutter meinte, ich sähe nicht mehr fröhlich aus. Und weil ich ein fröhlicher Mensch bin, wusste ich, ich muss was tun.

Was hast Du gemacht?

Ich treibe regelmäßig Sport. Ich gehe ins Gym, hatte sogar mal zwei Mitgliedschaften gleichzeitig. Aber der Sport und ich, wir haben eine Hassliebe. Allein kriege ich den Hintern nicht hoch, da siegt regelmäßig der innere Schweinehund. Seit zwei Jahren gönne ich mir einen Personal Trainer. Der kostet mehr als meine Miete, aber ich brauche jemanden, der ein Programm hat und mich antreibt. Denn: Egal, was die Waage anzeigt, es ist einfach wichtig, auf die Gesundheit zu achten. Ich lasse mich regelmäßig durchchecken. Es ist alles in Ordnung, die Werte sind alle top. Wenn ich mich fit und gesund fühle, habe ich gleich eine ganz andere Ausstrahlung.

Und sonst? Nur Suppen und Salatblätter?

Auf keinen Fall. Ich habe mich nie besonders schlecht ernährt, sondern einfach nur zu viel gegessen. Bei mir ist alles erlaubt, es sollte nur alles ein gutes Maß haben. Es gibt bei mir Veggie Days, ich koche gern, aber zwischendrin muss auch mal Fast Food drin sein. Das dogmatisch Extreme, das liegt mir nicht. Trotzdem versuche ich, weniger Fleisch zu essen, und wenn doch, dann nur das vom Fleischer hier um die Ecke. Den kenne ich seit meiner Kindheit, bei ihm gibt es die beste Blutwurst Berlins. Direkt daneben ist ein veganer Laden. So ist das hier bei uns im Kiez.

Die Sängerin Adele oder die Schauspielerin Rebel Wilson haben stark abgenommen. Das fanden nicht alle gut. Manche fragten sich sogar, was soll die denn jetzt für Rollen spielen?

Das ist doch Bullshit. Als würde sie mit ihren Pfunden auch ihre Qualität verlieren. Als mein Kollege Axel Stein so abgenommen hat, wurde ihm auch das Ende seiner Karriere prophezeit. Das Gegenteil war der Fall. Er dreht mehr als vorher. Aber die Diskussion kenne ich, viele Leute aus der Branche haben mir gesagt, ich solle bloß nicht abnehmen, ich dürfe meinen Typ nicht verändern. So ein Quatsch! Egal, wie viel ich wiege, ich bleibe der, der ich bin. Und ich fülle meine Rollen mit meinem Können und nicht mit dem, was ich auf die Waage bringe.

Style-Profi: Daniel nennt das rote Fransenhemd seinen »Eventpullover« – ein Unikat und eine Maßanfertigung von Lisa Schwebel.

‘Schönheit hat für mich wenig mit Äußerlichkeiten zu tun’

DANA NIEMANN

Postangestellte | Social-Media-Managerin | Creative Artist

Mary

Fast möchte man sagen: Endlich mal eine mit einem ganz normalen Beruf! Dana Niemann war lange in den unterschiedlichsten Bereichen freiberuflich tätig, jetzt arbeitet sie seit acht Jahren als Zustellerin bei der Post. Eine Entscheidung, die ungewöhnlich klingen mag, die sie aber nie bereut hat. Denn der Job bietet ihr viel, viel mehr als nur finanzielle Sicherheit. Warum er der Münchnerin sonst noch guttut, erzählt sie im Interview.

Lola Montagne, so nennt sich Dana Niemann auf ihrem Instagram-Account. »Das klingt nach Hollywood-Diva oder Sängerin aus den Vierzigerjahren«, sagt sie. Sängerin zu werden, das war immer ihr Traum. »Aber irgendwie habe ich mich nie getraut.« Das ist ein bisschen schade, denn sie singt wirklich gut. Und was ihre anderen Talente angeht, muss man sich einfach nur mal durch ihren Account klicken, um festzustellen, dass die Fotografie ganz eindeutig auch dazugehört. Fast 1500 Bilder von Reisen, aus ihrem Leben, aus der Natur und, klar, auch von sich selbst, von der Familie und von Freunden sind da zu sehen. Das, was alle so posten. Was bei ihr aber sofort auffällt, ist ihr besonderer Blick auf die Welt, ein gutes Auge für Details, Farben, Ausschnitte. »Ich bin ein sehr visueller Mensch«, sagt die 37-Jährige. Das zeigt sich nicht nur in der Fotografie und bei ihrem

Styling, sondern auch in der Ausstattung ihrer gemütlichen Ein-Zimmer-Wohnung in München. Nichts steht da zufällig oder einfach so herum. Sie arrangiert Vasen, Pflanzen und Objekte zu kleinen Stillleben, die Bilder über ihrem Bett passen farblich zueinander und manchmal sucht sie lange, bis sie das Passende findet. Manchmal kommen die Dinge aber auch zu ihr, weil sie die Augen offen hält. Wie der kleine Mid-Century-Beistelltisch, der irgendwann am Straßenrand stand mit einem »Zu-verschenken«-Schild darauf. Ihre Arbeit bei der Post bietet Dana Niemann genau die Zeit und Muße, die man manchmal braucht, um im großen Ganzen die Details zu entdecken. Aber Zeit ist nicht der einzige Grund, warum sie ein gesichertes Einkommen der beruflichen Unsicherheit vorgezogen hat.

Wer wie Du als Postzustellerin arbeitet, kann sich das Fitness-Studio vermutlich sparen, oder?

Allerdings. Ich habe einen Schrittzähler auf meinem Handy. Pro Tag komme ich auf 16 000 Schritte. Soll noch mal einer sagen, Dicke seien faul.

Wie sieht ein typischer Arbeitstag aus?

Ich fange um neun Uhr an und bin dann gut sechs Stunden unterwegs. Ich bin zwar mit dem Fahrrad unterwegs, für den Transport der Post, aber meistens gehe ich zu Fuß. Die Arbeit ist körperlich anstrengend, gleichzeitig muss man hoch konzentriert sein. Mein Bezirk liegt am Rande von München, wo die Stadt langsam in Land übergeht, ich bin viel draußen in der Natur mit Feldern und Wiesen. Das genieße ich sehr.

Viele träumen davon, aus ihren festen Jobs auszubrechen, um kreativ zu arbeiten, wollen sich selbst verwirklichen. Bei Dir war es eher umgekehrt.

Ich wusste nie wirklich, was ich beruflich machen wollte. Ich bin in einem kreativen Umfeld aufgewachsen. Meine Mutter – Carola Niemann, Co-Autorin und Chefredakteurin von The Curvy Magazine – arbeitete als Stylistin und Modechefin, um uns herum waren immer viele Künstler, Journalisten, Fotografen. Und natürlich dachte ich, auch ich müsste in diese Richtung gehen, das sei doch cool. Also habe ich in Berlin Modedesign studiert, ein Volontariat in einer PR-Agentur gemacht und kreativ vieles ausprobiert. Aber das freie Arbeiten tut meinem Naturell nicht gut. Es ist mir zu unstet, zu unsicher und gerade in der Modebranche hat mir oft die Menschlichkeit gefehlt. Ich nehme viele Sachen zu persönlich.

So toll sich freiberufliches Arbeiten anhört, häufig kommt auch noch finanzielle Unsicherheit hinzu. Wie wichtig war Dir der wirtschaftliche Aspekt?

Ganz wichtig. Bevor ich bei der Post anfing, habe ich unter anderem die Filmausstattung bei Studentenfilmen gemacht. Es machte mir viel Spaß, aber ich verdiente kaum etwas. Ich wollte das nicht mehr, nie zu wissen, was nächsten Monat reinkommt. Ich brauchte ein festes Gehalt, ich brauchte Regelmäßigkeit. Der Job bei der Post sichert mir die Miete, ich bin kranken- und sozialversichert, die Fixkosten sind gedeckt, ich zahle in die Rentenkasse ein. Alles so Sachen, über die man sich auch in jungen Jahren schon Gedanken machen sollte, denn von Altersarmut sind vor allem Frauen betroffen.

Was gefällt Dir sonst noch an Deiner Arbeit?

In den acht Jahren, die ich jetzt dabei bin, habe ich festgestellt: Der Job tut mir einfach gut. Neben festem Gehalt und Regelmäßigkeit gibt er mir auch mental Stabilität. Egal, wie es mir geht, ich kann ihn trotzdem erledigen. Anders als im Büro

Pflanzen und Blumen sind für Dana essenziell, sie geben ihr ein schönes Wohngefühl. Die Vasen hat sie auf Flohmärkten oder in »Zu-verschenken«-Kisten am Straßenrand gefunden.

> **Meine Arbeit muss mich grundsätzlich mit Stolz erfüllen. Ich mache etwas essenziell Wichtiges.**

fragt keiner alle fünf Minuten, was mit einem los sei. Beim Postaustragen ist man zwar auch unter Menschen, kann aber mit sich allein sein und wird in Ruhe gelassen, wenn man es wünscht.

Wie ist es mit der Sinnhaftigkeit eines Jobs?

Meine Arbeit muss mich grundsätzlich mit einem gewissen Stolz erfüllen. Bei der Post mache ich etwas essenziell Wichtiges. Wir sind systemrelevant, tragen dazu bei, dass das Leben in dieser Gesellschaft funktioniert. Dieses Gefühl hatte ich in der Modebranche nicht so oft. Und ich erfahre soviel Dankbarkeit von den Menschen in meinem Bezirk, nur weil ich mir etwas Zeit für sie nehme. Gerade für die Älteren bin ich oft der einzige Kontakt. Ganz wichtig ist aber auch: Man nimmt den Job nicht mit nach Hause. Feierabend ist Feierabend. Ich sehe es an so vielen Freiberuflern. Die sind 24 Stunden am Tag mit ihrer Arbeit beschäftigt, können nie abschalten. Ich bin mit der Tätigkeit emotional nicht verbunden, was auch wieder Druck rausnimmt. Es ist ein Job zum Geldverdienen, der mir Freiheit für andere Dinge verschafft. Ich arbeite vier Tage die Woche, so bleibt mir Zeit und Muße für andere Aktivitäten.

Zum Beispiel? Was machst Du außerdem?

Seit einigen Jahren spiele ich Theater in einer Laienspielgruppe, was mir viel Freude bereitet, auch wegen der Menschen dort aus den unterschiedlichsten Bereichen. Zum anderen habe ja noch einen zweiten Job, der mir viel bedeutet. Ich bin Social-Media-Managerin beim The Curvy Magazine und kümmere mich darum, dass die Zeitschrift auf den sozialen Kanälen wie Instagram vertreten ist. Das kann ich von überall machen. Mein Büro ist dort, wo mein Handy ist. Die Arbeit für Curvy sehe ich eher als Social Activism, weil sie Frauen wie mir eine Plattform bietet, auf der wir wahrgenommen werden.

Welches Frauenbild hat dich geprägt?

In den Neunzigerjahren waren Kate Moss und Heroin Chic angesagt. Meine Mutter arbeitete als Modechefin beim Playboy, meine Freundinnen sahen alle aus wie Models oder Ballerinas. Egal, wohin ich guckte, um mich herum waren eigentlich alle dünn, ich kannte kaum jemanden, der curvy war. Im Kosmos der Frauenmagazine und in der Bubble, in der ich mich bewegte, waren Körper wie meiner die Ausnahme. So bin ich mit einem sehr stereotypen Frauenbild aufgewachsen, das mit dem der deutschen Durchschnittsfrau wenig gemein hatte. Auch das gefällt mir an meinem Post-Job. Ich begegne ganz normalen Menschen. Das ist das wahre Leben.

Sozial und in meinem Freundeskreis war ich voll integriert. Ich war lustig, beliebt, mich mochten sie, weil ich keine Konkurrenz war.

Die Jugend ist eine sehr prägende Zeit. Wie hast Du sie erlebt?

Sozial und in meinem Freundeskreis war ich voll integriert. Ich war lustig, beliebt, mich mochten sie, weil ich keine Konkurrenz war. Ich ging damals auf eine Schule in einer reichen Münchner Gegend mit vielen reichen Leuten. Unter den Mädchen herrschte ein ständiger Wettbewerb, aber bei mir mussten sie sich keine Sorgen machen. Ich hatte weder die neueste Gucci-Handtasche noch waren die Jungs scharf auf mich. Extreme Ablehnung erlebte ich nie, bin auch in der Öffentlichkeit nie wirklich blöd angemacht worden. Ich glaube, ich bin likeable, umgänglich, Menschen mögen mich. Gleichzeitig habe ich auch so ein I'm-gonna-kill-you-Face, vielleicht strahle ich aus, dass man sich mit mir besser nicht anlegt. Daher hatte ich nie Schwierigkeiten mit meinem Umfeld.

Wie wichtig waren damals das Aussehen und die Figur?

Beides spielte damals in der Tat bei uns eine sehr wichtige Rolle. In unserer Familie war das Gewicht immer ein großes Thema. Oft wurde die Figur bewertet und kommentiert. Dass Schlanksein etwas Gutes sein soll, wurde seit Generationen weitergegeben.

Was macht das mit einem?

Es treibt einen von einer Diät in die nächste. Ich habe alles Mögliche ausprobiert, bis hin zu mehreren Radikaldiäten mit extremem Gewichtsverlust. Das fing schon mit 15 an, als ich in den Sommerferien in ein Abnehmcamp für dicke Kinder kam. Danach habe ich fast ein Jahr lang nur noch eine einzige Mahlzeit am Tag gegessen. Essen und Nicht-Essen wurden richtig zur Obsession. Ich habe zwar viel Gewicht verloren, aber das war nicht mehr gesund, das war definitiv eine Essstörung.

Viele Frauen glauben, wenn sie erstmal dünner sind, werden sie glücklicher und zufriedener sein. Ging es Dir ähnlich?

Nein, wirklich wohler habe ich mich nicht gefühlt. Ich kam mir trotzdem nicht gut genug vor und hatte eine Liste im Kopf, was an mir alles falsch war. Klar, es gab Momente, da fühlte ich mich gut, zum Beispiel wenn ich einfach in ein Geschäft reingehen und Klamotten kaufen konnte. Aber wie ich gelebt habe, um dieses Gewicht zu halten, das war auf Dauer weder gesund noch stemmbar.
Ich hatte keine Energie mehr für gar nichts. Seelisch und körperlich war ich am Ende. Geändert hat sich nur, dass ich weniger bewertet und beurteilt wurde. Heilen kann es einen trotzdem nicht, wenn es nur von außen kommt.

Was hast Du verändert? Wie sieht Dein Essverhalten heute aus?

Ich beschäftige mich gerade intensiv mit dem Thema Intuitives Essen. Das bedeutet, wieder mehr auf seinen Körper zu hören und herauszufinden, welches Gewicht das richtige für einen ist. Nicht alle müssen Größe 36 haben, um gesund zu sein. Intuitive Ernährung ist keine Diät. Es gibt erstmal keine »guten« und »schlechten« Lebensmittel. Ziel ist es, dass man selber merkt, was man gerade braucht. Das kann ein Salat, aber auch Schokolade sein. Ich lese die Bücher dazu im Original auf Englisch, weil mich der deutsche Titel schon wieder ärgert und in die falsche Richtung führt. Da wird »Intuitive Eating« mit »Intuitiv Abnehmen« übersetzt.

Klein, aber fein: Verschiedene Wandfarben trennen den Schlaf-, Wohn- und Arbeitsbereich und lassen ihr Ein-Zimmer-Appartement optisch viel größer wirken.

Guter Style muss nicht teuer sein: Dana Niemann ist bekennende Schnäppchen-jägerin. Im Sale wird sie immer fündig, sagt sie.

Ich bin mit einem sehr stereotypen Frauenbild aufgewachsen.

Für Curvy-Frauen ist es nicht immer einfach, etwas zum Anziehen zu finden. Wie ist das bei Dir?

Damit hatte ich noch nie ein Problem, weil ich da anders rangehe: Ich habe nie gezielt nach bestimmten Teilen gesucht, ich habe immer nur gefunden. Ich bin eine Schnäppchenjägerin, Sammlerin, Anprobiererin. Sobald ich Zeit und Lust habe, fahre ich in die Stadt, klappere in den Läden die Sale-Ständer ab und gucke, was ich da so finde. Man sollte seinen Körper kennen. Ich habe eine schmale Taille und breitere Hüften, klassische A-Linie. Darum habe ich früher fast nur Kleider und Röcke getragen, die gehen bei meiner Figur immer. Im Winter mit dicken Strumpfhosen drunter. Mittlerweile ziehe ich aber auch sehr gern Hosen an. Ich will nichts mehr kaschieren. Allein das Wort finde ich schon schlimm.

An welchen Frauen hast Du Dich orientiert?

Ich hatte in meiner Jugend wenige optische Vorbilder. Die Sängerin Missy Elliott fand ich toll, aber styletechnisch war sie für mich mit ihren baggy Hip-Hop-Klamotten total uninteressant. Das waren ihre Bühnenoutfits, aber nichts für den Alltag. Und ich kann an einer Hand abzählen, wann ich früher in Filmen und im Fernsehen mal Darstellerinnen gesehen habe, in denen ich mich wiedererkannt hätte. In der amerikanischen Serie »October Road« spielte eine curvy Schauspielerin, Rebecca Field. Sie hatte nicht nur eine Lovestory, was schon ungewöhnlich genug war, es gab sogar Liebesszenen mit ihr. Mich hat es fast gerissen, eine Plus-Size-Frau in einer intimen Szene, das hatte ich vorher in Filmen noch nicht gesehen. Jahre später musste ich ihr einfach schreiben, wieviel mir das bedeutet hat. Sie hat sogar geantwortet.

Wie siehst Du Dich selber?

Ich bin leider kein großer Fan von mir. Aus diesem Denkmuster komme ich ganz schlecht raus. Eine gewisse Portion Selbstkritik schadet nicht, aber ich habe zu viel davon, das ist mein großes Problem. Bei jeder anderen Frau, die so über sich denkt, wie ich über mich, hätte ich die besten Coaching-Tipps parat. Nur bei mir selber nutzen sie nichts. Um mich selbst besser akzeptieren zu können, gehe ich seit vielen Jahren in Therapie.

Grübeln und Selbstzweifel sind ja so ein typisches Frauending. Was hilft Dir in Phasen, in denen es Dir nicht so gut geht?

Wenn man grübelt und grübelt, dreht man sich mit seinen Gedanken irgendwann nur noch im Kreis. Das wird dann manchmal so schlimm, dass ich erstarre, zu nichts mehr fähig bin. Allein kommt man da nicht raus, ich kann nur jedem raten, sich dann Hilfe von außen zu holen. Dann brauchst du einen Impuls, jemanden, der den negativen Gedanken etwas entgegensetzt, sie aber auch versteht. Aktionismus und pragmatisches Anpacken funktionieren dann bei mir nicht. Da ziehe ich mich nur noch mehr zurück.

Ist die Wohnung mehr als nur ein Dach über dem Kopf?

Ja, auf jeden Fall. Meine Wohnung ist mein Rückzugsort, an dem ich mich sicher und geschützt fühle. Mein Zuhause muss mich umarmen, mir ein warmes Gefühl geben. Und dafür brauche ich Farbe an den Wänden, Bilder mit persönlichem Bezug, Vasen und Pflanzen. Und Möbel, die ich nach und nach finde oder selber so verwandle und verändere, dass sie zu mir passen.

Was hast Du in den vergangenen Jahren über Dich gelernt?

Diese Fettphobie, dieses Denken, dass schlank gut ist und dick gleichbedeutend mit schlecht, hatte ich verinnerlicht. Mittlerweile bin ich anders konditioniert. Meine Sehgewohnheiten haben sich verändert, ich habe mein Wissen erweitert, ich kenne heute mehr Menschen mit einem ähnlichen Körper wie meinem. Heute definiere ich Schönheit anders, sie hat für mich nur noch wenig mit Äußerlichkeiten zu tun. Gleichzeitig sehe ich auch immer wieder, dass ein positives Selbstbild überhaupt nichts damit zu tun hat, wie man tatsächlich aussieht. Donald Trump findet sich auch super. Die unattraktivsten, langweiligsten Männer mit Bierbauch finden sich geil. Ach, wie sagte jemand anderes so schön: Manchmal hätte ich einfach gern das Selbstbewusstsein eines durchschnittlichen weißen Mannes.

BEST OF ...
DANA NIEMANN

@LOLAMONTAGNE

Der Instagram-Account von Dana mit 1500 Posts: Mode, Design, Kunst, Selfies und – Blumen, Blumen, Blumen. Fotografie ist ihre Leidenschaft. »Ich bin ein sehr visueller Mensch«, sagt sie. Das merkt man: Sie hat einen ganz besonderen Blick für Details, Farben und Formen.

TRAGAUDION E.V.

Die Laienspielgruppe aus Starnberg steht seit 1993 für freies Theater mit hohem künstlerischem Anspruch. Inszeniert werden u. a. Stücke von William Shakespeare, Anton Tschechow oder Jean-Paul Sartre. Während des Starnberger Kultursommers tritt die Gruppe regelmäßig Open Air im Schlossgarten auf. In einer 60er-Jahre-Interpretation von Shakespeares »Wie es Euch gefällt« trat Dana Niemann als Soul-Sängerin Aretha Franklin auf, im Stück »Hautnah« von Patrick Marber führte sie Regie.

The place to be: Das gemütliche dunkelgrüne Samtsofa lädt zum Entspannen nach anstrengenden Arbeitstagen ein.

‘Verschieb Dein Leben nicht auf schlanke Zeiten’

TANJA MARFO

Unternehmerin | Autorin | Bloggerin

Die Hamburgerin Tanja Marfo ist eine erfolgreiche Unternehmerin. Sie hat den Plus-Size-Markt aufgemischt, eine diverse Modenschau ins Leben gerufen und ein sehr mutiges Buch geschrieben. Außerdem pfeift sie auf Modediktate – mit großer Lust und voller Power.

Tanja Marfo steckt mitten im Umzug, als wir sie treffen. Vom Zentrum ist sie mit ihrem Sohn und dem neuen Mann an ihrer Seite an den Stadtrand von Hamburg gezogen, fast schon ins Grüne, in ein Haus mit Garten und eigenem kleinen Teich. »Hier sitze ich gern, wenn ich mal meine Ruhe haben will«, sagt die 42-Jährige. Mit der Ruhe ist das zur Zeit allerdings so eine Sache. Bis eben noch hat sie schwere Kisten ins Obergeschoss geschleppt, ungeschminkt, in alten Klamotten. Dort unterm Dach richtet sie sich gerade ihr Reich ein, ihr Büro mit großem Schreibtisch und kuscheliger Sitzecke in dunkelgrünem Samt. Die Wände in einem weichen lachsfarbenen Ton bilden einen schönen Kontrast dazu.

Sie verschwindet kurz, tauscht ihr Umzugsoutfit gegen ein sommerliches Kleid und kommt perfekt geschminkt wieder. Knallrote Lippen, makellose Haut wie Schneewittchen, ihre kupferroten Haare, gerade noch irgendwie hochgewurschtelt, fallen nun in weichen Wellen um ihr Gesicht. Für die Verwandlung hat sie keine Viertelstunde gebraucht.

Kein Wunder, Tanja Marfo ist eine Powerfrau und sie ist vom Fach. Sie ist nicht nur Mode-Unternehmerin, Event-Managerin, erfolgreiche Bloggerin, Influencerin und Autorin, sondern auch gelernte Visagistin. Viele Jahre hat sie Models und Moderatorinnen für Fashionshows und Fernsehsendungen geschminkt. »Das hat mir aber nicht gereicht. Ich wollte mehr«, erzählt sie. Vor allem wollte sie auch ihre Erfahrungen weitergeben. Sie nannte sich damals »Rougekäppchen«, bot Schmink-Kurse an und lud Frauen zu Beauty-Events ein. »Dabei fiel mir auf, dass sich nie dicke Frauen angemeldet haben. Und ich habe mich gefragt: Wo sind eigentlich die, die so aussehen wie ich? Es muss doch auch Frauen geben, die sich trotz größerer Kleidergröße gern chic anziehen und hübsch machen wollen.«

Diese Frauen wollte sie ermutigen, mal was Neues auszuprobieren, sich etwas zu trauen, und sei es zunächst einmal nur einen neuen Look, ein neues Outfit, ein schönes Make-up. »Vor allem wollte ich den Frauen ein gutes Gefühl vermitteln, ihnen sagen: Du darfst es dir wert sein.« Das war vor gut zehn Jahren der Startschuss für ihren Blog »Kurvenrausch«. Der Name sei beim Mädelsabend aus einer Sektlaune heraus entstanden, sagt Tanja, die grundsätzlich gern lacht und gute Laune verbreitet. »Er steht für Lebensfreude und dafür, sich und seinen Körper wertzuschätzen und zu feiern.« »Kurvenrausch« ist eine Online-Plattform für Frauen in großen Größen, auf der sie sich für mehr Body Positivity einsetzt. Und zwar mit vollem Körpereinsatz. Dort zeigt sie, dass auch dickere Frauen fashionable sein können. Sie präsentiert die Outfits selber, traut sich Sachen zu tragen, die viele Frauen in ihrer Größe normalerweise nicht anziehen würden. Heiße Hosen, weiße Hosen, Bademode, transparente Teile, die viel Haut zeigen und nichts verstecken.

Zelebrieren statt kaschieren – das steht nicht nur groß auf ihrem Blog, es ist auch zu ihrem Motto geworden, das sich durch ihre ganze Arbeit zieht. Die Botschaft, sich zu zeigen, wie man ist. Sich nicht zu verstecken und von niemandem vorschreiben zu lassen, was man anziehen soll.

Über Selbstakzeptanz hat Tanja Marfo zusammen mit Caro Matzko das Buch »Size egal« geschrieben.

Naturverbunden: Im Garten ihres Hauses am Stadtrand von Hamburg hat sich Tanja Marfo einen Platz geschaffen, an den sie sich gern zurückzieht, wenn sie zur Ruhe kommen, Kraft schöpfen oder mal ganz für sich sein will.

»Sei du selbst dein größter Fan und vergiss die Modepolizei,« das betont Tanja immer wieder. Worte wie »kaschieren« oder »unvorteilhaft« würde sie gern für immer aus dem Vokabular streichen. Weil sie so sehr nerven und sie modisch immer eingeschränkt hätten. »Selbst wenn ich wollte, ich könnte mich gar nicht verstecken. Als 186 Zentimeter große Frau mit 100 plus x Kilo Gewicht falle ich immer auf. Auch in komplett schwarzer Klamotte oder Camouflage-Look.« Also hat sie sich selbstbewusst gesagt: »Wenn schon Vollweib, dann richtig!« Sie verbannte die Schlabberklamotten und die praktischen Leggings und tauschte sie ein gegen sexy Netzstrümpfe und figurbetonte Kleider. »In der Mode geht es oft darum, Dicken zu zeigen, wie sie schlanker wirken können. Davon müssen wir wegkommen. Auch wenn ich mich in Shapewear quetsche, ich bleibe eine Größe 54.« Punkt.

»Kurvenrausch« entwickelt sich so erfolgreich, dass sie ein Jahr später als Berichterstatterin zur »Full Figured Fashion Week« nach New York eingeladen wird, einer Modemesse für Plus-Size-Mode. »Wahnsinn, da waren alle, wirklich alle Konfektionsgrößen zu sehen. Der Designer Michael Kors schickte Models in Größe 50 auf den Laufsteg, bei uns war damals Größe 42 das Höchste aller Zugeständnisse.« Und weil Tanja nicht nur begeistert, sondern auch eine Macherin ist, ruft sie in Deutschland die Plus Size Fashion Days ins Leben, die seitdem einmal jährlich in Hamburg stattfinden. »Auf Dauer war mir der Fokus auf Plus Size aber zu wenig. Ich wollte den ganzen Querschnitt unserer Gesellschaft zeigen. Vielfalt ist ein wichtiger Bestandteil meiner Arbeit und ich wollte einen Ort kreieren, der alle Menschen feiert – egal, wo sie herkommen, wie sie aussehen, wen sie lieben.« Auf keinen Fall aber wolle sie Diversität »massenkompatibel« machen, als sei sie nur ein Trend, der irgendwann wieder verschwindet.

Sie zieht die Veranstaltung diverser auf, nimmt kleinwüchsige Menschen oder Rollstuhlfahrer als Models mit dazu und nennt die Veranstaltung jetzt Diversity Fashion Days. »Genau so verstehe ich Body Positivity«, sagt sie. »Als Akzeptanz aller Körper ohne Wenn und Aber, ohne Wertung und Schönheitsempfinden. Wir brauchen in den Medien und auf den Laufstegen Menschen aller Hautfarben, Altersgruppen und Konfektionsgrößen. Nur so schaffen wir es, dass sich unsere Sehgewohnheiten langfristig und nachhaltig ändern. Nur so schaffen wir es, dass sich wirklich alle gesehen und nicht mehr ausgegrenzt fühlen.«

Das sei auch ihr persönlicher Appell an die Modeindustrie und die Medien: »Fakt ist, dicke Menschen sind immer noch unterrepräsentiert. Darum haben wir auch kaum eine Lobby, kaum Auswahl, wir werden nicht ernst genommen und oft noch behandelt wie die böse Schwiegermutter, die keiner leiden kann. Manchmal lässt man uns mitspielen, da stehen wir dann rum als Quotenmoppel zwischen zehn dünnen Frauen.« Andere zu bewerten, dass sei aber auch so typisch deutsch, sagt sie. »Die Zeitschriften sind voll von diesen Weightloss-Storys mit diesen unsäglichen Vorher-Nachher-Bildern. Wir idealisieren schlanke Körper. Dabei sollte es eigentlich viel mehr um unsere Gesundheit und ein gutes Selbstwertgefühl gehen und nicht um den perfekten Body.«

Lange genug hat auch Tanja alles getan für einen perfekten Body, um dem vermeintlichen Schönheitsideal zu entsprechen. »Ich habe wirklich alles ausprobiert, Atkins, Weight Watchers, No Carb, alles Mögliche.« Ihre erste Diät habe sie mit zwölf Jahren gemacht und damals nur noch Knäckebrot gegessen. Aber als ich schlank war,

> So verstehe ich Body Positivity: als Akzeptanz aller Körper ohne Wenn und Aber.

bekam ich plötzlich die Anerkennung der coolen Mädchen in der Schule.« Was das Gewicht betrifft, habe ihr Leben danach einer Achterbahnfahrt geglichen. Mal nahm sie 20 Kilo ab, dann 40 wieder zu. »Ich habe mich dick diätet.«

Welche Folgen die Jagd nach unerreichbaren Schönheitsidealen haben kann und wie es gelingt, Frieden mit dem eigenen Körper zu schließen, darüber hat Tanja Marfo im vergangenen Jahr zusammen mit Caro Matzko ein Buch geschrieben mit dem wunderbar doppeldeutigen Titel »Size egal«. Die beiden Frauen haben sich vor mehr als zehn Jahren bei den Dreharbeiten für die Wissenssendung »Xenius« auf Arte kennengelernt. Caro moderierte das Format, Tanja arbeitete als Maskenbildnerin. Und wenn die beiden Autorinnen äußerlich auf den ersten Blick wenig gemeinsam haben, eint beide doch der nahezu lebenslange Kampf mit ihrem Gewicht – und beide hat genau das krank gemacht: Während die eine sich fast zu Tode gehungert hat, um Struktur und Selbstbewusstsein zu bekommen, hat die andere ihre Gefühle mit Essen betäubt. »Obwohl die eine von uns dünn, die andere dick ist, haben wir gemerkt, dass wir trotz aller äußerlichen Unterschiede sehr gleich ticken«, sagt Tanja. »Uns verbindet das ewige Gefühl, nicht gut genug zu sein.«

Es ist ein sehr mutiges, offenes Buch geworden. Beide kehren darin ihr Innerstes nach außen. Weil Essstörungen ihren Ursprung oft in traumatischen Erlebnissen der eigenen Biografie haben, wurden in dem Buch all die Stationen des Lebens thematisiert: die Kindheit und Jugend, Erziehung, Pubertät bis hin zu späteren Beziehungen und dem Muttersein. Aufgebaut wie ein Dialog, sprechen die beiden mal berührend, mal erschreckend, aber auch locker, unterhaltsam über die verschiedensten Aspekte ihres Lebens, »was uns geformt hat, welche Fehler wir gemacht haben«, übers Mamasein, über toxische Beziehungen. Tanja erzählt von schönen Erinnerungen an ihre Kindheit in der Nähe von Hamburg, wo ihr Vater einen Bauhof leitete und sie oft in den großen Lkws mitfahren durfte. »Gleichzeitig hat man mir von Anfang an das Gefühl gegeben, nicht richtig zu sein. Ich war immer zu groß, zu laut, zu dick.«

Erst nach einer jahrzehntelangen Odyssee von einer Diät zur nächsten kann Tanja sich überhaupt eingestehen, dass sie eine Essstörung hat, sie leidet unter Binge-Eating-Attacken, Heißhungeranfällen. »Es war ein ewiger Kreislauf aus Essen, Reue und hungern. Man stopft die hungernde Seele, die eigentlich nach etwas ganz anderem hungert, mit Essen voll,« erzählt Tanja.

BEST OF ... TANJA MARFO

BLOG

Auf »Kurvenrausch« bietet Tanja kurvigen Frauen eine Plattform. Neben Mode, Beauty und Styling-Tipps gibt die Hamburgerin auch Workshops und Learnings für mehr Selbstvertrauen und Selbstliebe. Über allem steht das Motto: Zelebrieren statt kaschieren.

MODE-EVENT

Sie ist Initiatorin der Plus Size Fashion Days, einer Modenschau für alle Kleidergrößen – von 36 bis 60. Um ein Zeichen für Vielfalt zu setzen, hat Tanja die Show mittlerweile in Diversity Fashion Days umbenannt. Die Veranstaltung findet einmal im Jahr in Hamburg statt.

PUBLIKATIONEN

Zusammen mit der Moderatorin Caro Matzko hat Tanja Marfo das Buch »Size egal« geschrieben, in dem beide sehr offen von ihrem jahrelangen Kampf mit ihrem Gewicht und ihrem Selbstbild berichten. Und ihr Workbook »Curvilious & Confident« enthält ihre über Jahre gesammelten Übungen, die ihr auf ihrer Reise zu sich selbst geholfen haben.

»Mit dem Essen unterdrücken wir oft auch unsere Emotionen. Bei mir bemerke ich den Hang zu essen, wenn ich Stress habe. Darum ist es so wichtig, sich genau anzuschauen und mit sich selbst zu beschäftigen.«

Zu sagen, man habe eine Essstörung, sei der erste Schritt in Richtung Heilung, denn statistisch gesehen leide jede fünfte Frau in Deutschland darunter. »Je mehr Menschen es zugeben, desto mehr bröckeln die Tabus und die Scham über dieses Thema. Ich gehe damit ganz transparent um. Auf meinem Blog schreibe ich über meinen Weg aus der Essstörung hin zu einem leichteren Leben – was nicht gleich Schlanksein bedeutet.«

Tanja sucht Rat bei einer Therapeutin. »Die klassischen Therapieansätze waren nicht so meins, aber ich habe das Spirituelle für mich entdeckt.« Sie beginnt zu meditieren, praktiziert Yoga, lernt verschiedene Atemtechniken. »Dieser geistig-mentale Ansatz hat mir sehr viel gebracht. Ich habe mich sogar zeitweilig in ein Kloster zurückgezogen, um mich ganz bewusst mit mir auseinanderzusetzen und zu mir selbst zu finden. Dabei habe ich auch gelernt, mich auf das Hier und Jetzt zu fokussieren und nicht immer nur die Vergangenheit aufzuwühlen.«

Heute ist sie eine andere. Sie nimmt sich an, so wie sie ist. Sich selbst zu akzeptieren, das sei nicht immer leicht, sei oft harte Arbeit, aber es sei möglich. »Darin möchte ich auch andere Frauen bestärken. Wartet nicht auf schlanke Zeiten und liebt euch bereits jetzt. Denn das Leben ist nicht abhängig von einer Konfektionsgröße.«

Vieles hat Tanja erst jetzt wieder für sich entdeckt. Sport zum Beispiel. »Am liebsten schwimme ich. Das habe ich jahrelang nicht mehr gemacht. Ich konnte nicht mal meinem Sohn das Schwimmen beibringen, weil ich mich nicht getraut

10 neue Glaubenssätze

1
Du bist immer gut genug!

2
Du bist wertvoll und einzigartig.

3
Nimm Dich und Deinen Körper so an, wie er ist!

4
Sei dankbar für alles, was Du hast.

5
Lobe Dich selbst und sei gut zu Dir.

6
Akzeptiere alle Gedanken, die Du hast, auch die schlechten.

7
Nimm dir täglich Zeit für Dich.

8
Steh für Dich ein.

9
Schaffe Dir ein liebevolles Umfeld.

10
Mach, worauf Du Lust hast.

habe, mich im Badeanzug zu zeigen.« Aber als sie das endlich gewagt habe, sei es grandios gewesen. »Ja, die Leute gucken vielleicht kurz, aber sie gucken auch wieder weg.« Sie versucht, Bewegung in ihren Alltag zu integrieren, fährt Fahrrad und hat sich in ihrem neuen Zuhause ein Trampolin angeschafft. »Das ist nicht nur gut für meine Knie, das macht so einen Spaß. Ich wusste gar nicht mehr, wieviel Spaß es macht, weil ich es seit meiner Kindheit nicht mehr gemacht habe.«

Ausprobieren, wieder Spaß am Leben haben, die Schwächen mal links liegen lassen und sich auf die Stärken konzentrieren. »Der beste Weg zu mehr Selbstliebe ist ein positives Mindset«, sagt Tanja und strahlt, von innen und außen. »Das Wissen, dass ich ein wertvoller und liebenswerter Mensch bin, ist sehr heilsam.« Sie weiß, mit sich zufrieden zu sein, sei nicht immer einfach, wenn einem der eigene Körper im Alltag im Weg sei. »Aber: Kein Diätprogramm der Welt kann einem Selbstliebe schenken. Also lasst die Finger davon und sucht euch Hilfe für euren Kopf und eure Seele. Sie sind es, die Aufmerksamkeit brauchen. Vergesst Idealmaße oder den perfekten Body, aber setzt euch nicht zu sehr unter Druck und seid euch bewusst, dass wirklich niemand perfekt ist.«

Wie wichtig ein gutes Selbstwertgefühl und Selbstliebe gerade auch in Beziehungen sind, weiß Tanja aus eigener Erfahrung. Mit Anfang 20 war sie schon einmal verheiratet, damals wurde ihr Sohn Samuel geboren, heute ein junger Mann, der gerade sein Abitur gemacht hat. Aus einer späteren längeren Beziehung hat sie sich gelöst, weil sie ihr nicht guttat, und weil ihr damaliger Partner sie nicht so sein lassen konnte, wie sie war. Überhaupt haben die meisten Männer sie körperlich verändern wollen, fragten schon beim ersten Date, ob sie nicht abnehmen wolle. Ihr neuer Lebensgefährte ist anders, er würde sowas niemals fragen. »Noch nie hat mich jemand vorher so gesehen und als Mensch so wertgeschätzt wie er. Er findet mich toll, so wie ich bin. Er sieht mich und nicht meine Kilos.« Man merkt Tanja an, wie gut ihr diese Liebe tut. Denn nur wenn wir in der richtigen Beziehung sind, können wir wachsen und uns weiterentwickeln. »Liebe sollte niemals an Bedingungen geknüpft sein.« Wie aufs Stichwort ruft der neue Mann von unten und fragt, ob er den Damen noch etwas bringen könne. Oder wie es denn mal mit einer kleinen Pause sei. Draußen auf der Terrasse gebe es nämlich gerade selbstgebackenen Kuchen.

Das Leben zelebrieren – das gelingt Tanja mit viel Power und positivem Denken.

‘Wir sollten in unserem Leben die Hauptdarstellerin sein und nicht nur die Nebenrolle spielen’

CATERINA POGORZELSKI

Moderatorin | Systemischer Coach | Stylistin

Caterina Pogorzelski ist eine wahre Powerfrau mit vielen Talenten. Egal, ob in ihrer Arbeit als Moderatorin, Plus-Size-Model oder systemischer Coach – mit allem, was sie tut, möchte die Berlinerin Frauen inspirieren, zufriedener mit sich und ihrem Körper zu werden. Denn sie weiß: Ohne Selbstliebe nützt auch das schönste Kleid nichts.

Stillstand kennt Caterina Pogorzelski nicht. Sie ist immer in Bewegung. Während sie redet, läuft sie durch die Räume ihrer hellen Drei-Zimmer-Wohnung am Rande von Berlin, wechselt in Windeseile die Outfits. Den gleichen Turbo legt sie auch im Beruflichen ein. Schon beim Aufzählen wird einem fast schwindelig. Die ausgebildete Schauspielerin ist nicht nur als Plus-Size-Model und mit ihrem Lifestyle- und Fashionblog »Megabambi« megaerfolgreich, sie arbeitet auch als Moderatorin, Sprecherin, Stylistin, betreibt zwei Podcasts, organisiert in Berlin den »Vintage Curvy Markt« und hat sich zum systemischen Coach, Hypnose- und Wingwave-Coach ausbilden lassen. Sie bietet Kurse und Workshops zu den Themen Selbstliebe und Körperakzeptanz an. »Ich muss einfach immer kreativ sein und etwas Neues erschaffen«, sagt die gebürtige Berlinerin. »Sonst fühle ich mich nicht wohl«. Ja, sie arbeitet sehr viel – aber ohne die üblichen Nebenwirkungen. Caterina wirkt kein bisschen gehetzt oder gestresst. Sie ruht in sich.

Nichtstun fällt ihr schwer. Während des Lockdowns hat sie ihre pastellfarbene Küche in eine kleine grüne Oase aus Pflanzen verwandelt, und sie hat das Malen für sich entdeckt. In ihrem Zuhause mit den überwiegend in Weiß gestrichenen Wänden und Holzdielen bilden die bunten, expressionistischen Bilder nun einen ganz besonderen Farbkontrast. Das Highlight aber, nicht nur farblich, ist ganz eindeutig Caterina selber, in ihrem knallblauen Kleid, mit den blonden Haaren und den roten Lippen. Sehr feminin, sehr weiblich und sehr stark. Perfekt passend zu ihrem eigenen Leitmotiv.

Dein Lebensmotto lautet: Wir sollten in unserem Leben die Hauptdarstellerin sein und nicht nur die Nebenrolle spielen. Und schon gar nicht die Statistin sein. Wie meinst Du das genau?

Gerade Frauen neigen dazu, sich nach anderen zu richten, es allen anderen recht machen zu wollen. Darüber vergessen wir allerdings viel zu oft, was wir wirklich wollen. Uns Frauen wird zwar suggeriert, wir hätten heute doch alle Möglichkeiten und es sei darum so leicht wie noch nie. Das sehe ich komplett anders. Ich finde, im Gegenteil, wir haben es so schwer wie noch nie. Die Erwartungshaltung war nie größer. Weil wir so leichtfüßig durch unser Leben tanzen sollen, dabei ganz lässig Karriere machen, natürlich alle eine tolle Familie, Kinder, einen Traummann haben und weil wir auch eine großartige Gastgeberin sind, zaubern wir abends noch ganz locker ein 4-Gänge-Menü für unseren total interessanten Freundeskreis.

Und sehen dabei noch fantastisch aus …

Genau. Die klar definierten Anforderungen an Schönheitsideale, Vitalität und Jugendlichkeit kommen noch dazu. Auf uns lastet ein enormer Druck. Wie oft erlebe ich Frauen in meinen Coachings, die komplett gestresst sind. Sie haben das Gefühl, sie müssten auf allen Bühnen tanzen und überall perfekt abliefern. Und fühlen sich ungenügend, wenn es bei ihnen nicht so easy abläuft wie scheinbar bei allen anderen. Wir müssen begreifen, dass wir zwar alles können, aber nicht alles können müssen.

Vermittelst Du diese Erkenntnisse in Deinen Coachings?

Ich versuche, den Frauen zu helfen, wieder mehr zu sich selbst zu finden. Ihr wahres Potenzial zu entdecken, ihre Träume, ihre Wünsche, die vielleicht lange schon verschüttet waren. Sich selbst wieder mehr in den Mittelpunkt zu stellen und sich zu fragen: Was genau habe ich in meinem Leben und was fehlt mir?

Wie erlernt man mehr Selbstbewusstsein?

Der erste Schritt ist, sich in Erinnerung zu rufen, mit welchen limitierenden Glaubenssätzen wir aufgewachsen sind, denn sie prägen einen das ganze Leben. Was haben einem die Eltern, Großeltern mitgegeben? Waren es Sätze wie: Sei brav. Pass auf, was du isst. Sei nicht so laut? Und dann schauen wir, wie wir uns selber behandeln. Gehen wir gut mit uns selber um? Oder mäkelt unser eigener innerer Kritiker ständig an uns herum? Oft gehen wir mit uns selber ja viel härter ins Gericht, als es andere tun. Sich damit auseinanderzusetzen, ist oft nicht einfach. Da kommen viel Schmerz und Traurigkeit hoch. Aber es ist wichtig, auch die Schattenseiten anzunehmen und zu lernen, sich liebevoll und wohlwollend zu betrachten.

All eyes on me: Mit ihrer unglaublichen Ausstrahlung zieht Caterina alle Blicke auf sich und bringt ganz generell mehr Farbe und Freude in ihr Leben – und als Coach auch in das von anderen.

> **Natürlich kann man einer Frau die perfekten Kleider anziehen, aber ohne die emotionale und mentale Komponente bringt es auf Dauer gar nichts.**

Das sagt sich so leicht. Jemand, der immer kritisch mit sich umgeht, wird sich nicht von heute auf morgen toll finden.

Ich weiß. Darum ist es so wichtig, Geduld zu haben. Veränderungen brauchen Zeit. Da muss man in kleinen Schritten vorgehen. Indem man anfängt, den Fokus auf die Stärken zu legen. Darin haben wir in unserer Kultur leider wenig Übung. Es fällt uns offenbar leichter, Fehler und Schwächen wahrzunehmen. Je mehr wir uns klarmachen, was wir alles können, worin wir gut sind, desto stärker und selbstbewusster werden wir. Aber dazu sind sehr viel praktische Arbeit und Übung nötig. Am besten täglich. Und wenn es nur eine Minute ist, in der man sich Zeit für sich nimmt. Oder einfach mal aufschreibt, was man an sich mag.

Du bietest auch Kurse und Workshops zu den Themen Selbstliebe und Körperakzeptanz an. Wie lernen wir, uns selbst zu lieben?

Indem wir erstmal dankbar dafür sind, dass unser Körper überhaupt da ist. Denn egal, wie er aussieht und welche Form er hat, durch ihn existieren wir und können diese Welt erleben. Wir sollten ihn ganz wertneutral als Instrument sehen. Und gleichzeitig sollten wir uns auch bewusst machen, dass eine ganze Industrie sehr gut daran verdient, dass wir uns schlecht fühlen. Ganze Wirtschaftszweige würden zusammenbrechen, wenn wir uns plötzlich alle toll finden und lieben würden.

Mit Deinem Plus-Size-Blog »Megabambi« und dem gleichnamigen Podcast warst Du schon sehr erfolgreich. Dann hast Du Dich zum systemischem Coach, Hypnose- und Wingwave-Coach ausbilden lassen. Wie kam es denn dazu?

Eigentlich ist das eine logische Weiterführung. Mein Blog dreht sich thematisch vor allem um Styling und Mode. Um ganz praktische Fragen. Wo gibt es Kleidung in Plus-Size-Größen? Wie funktionieren Modetrends auch für kurvige Frauen? Im Laufe der Zeit merkte ich aber: Es geht den Frauen um mehr als Styling und die Optik. Ich wurde immer mehr zur Ratgeberin in Persönlichkeitsdingen. Natürlich kann man einer Frau die perfekten Kleider anziehen, natürlich kann ein schönes Äußeres das Selbstbewusstsein steigern, aber ohne die emotionale und mentale Komponente bringt es auf Dauer gar nichts.

Und wie ging es weiter?

Es gibt mir viel und macht mir Spaß, Frauen zu unterstützen. Aber mir war klar, wenn ich das professionell machen will, dann nur mit entsprechender Ausbildung. Beim systemischen

> **Sobald wir Verantwortung für unser Leben übernehmen, kommen wir raus aus der Opferrolle.**

Coaching wird sehr lösungsorientiert gearbeitet. Ich unterstütze die Frauen dabei, zu Expert:innen für ihre eigenen Lösungen zu werden.

Dein Lebensweg zeigt auch, dass man gern mal ein paar Haken schlagen kann und trotzdem ans Ziel kommt. Eigentlich wolltest Du Schauspielerin werden.

Richtig, und das war ich ja auch eine Weile. Aber den Traum musste ich nach einem Akrobatikunfall erstmal begraben. Für mich gab es damals nichts anderes als das Theater und so hatte ich keinen Plan B. Ich wusste nur, dass ich gern mit Menschen arbeite. Speziell mit Frauen. Ich habe dann Kulturarbeit studiert, mit einigen Auslandssemestern in Belgien und in den Niederlanden. Dort wurde ich als Übergrößenmodell entdeckt.

Anfang der Nullerjahre noch ziemlich ungewöhnlich, oder?

Allerdings. Heute gibt es ein ganzes Arsenal an Plus-Size-Models, aber früher waren Frauen in großen Größen höchstens im Quelle-Katalog zu sehen. Das einzige prominente Vorbild war Hella von Sinnen. Ich konnte mir überhaupt nicht vorstellen, wo es für mich Arbeit geben sollte. Doch in den Benelux-Ländern waren Curvy-Frauen damals auch öffentlich schon viel präsenter.

Wie kamst Du dann auf die Idee mit dem Blog?

Als Model bis du Dienstleisterin, Ausführende. Ich finde es aber viel schöner, wenn ich Dinge selbständig machen und kreieren kann. Und ich wollte das Wissen, das ich über die Jahre angesammelt habe, weitergeben und gründete 2014 »Megabambi«.

Du wurdest schnell zu einem Vorbild der Curvy-Community. Wie erklärst Du das?

Mittlerweile hat sich viel getan, aber als ich vor acht Jahren anfing, waren mehrgewichtige Frauen in der öffentlichen Wahrnehmung kaum präsent. In den Zeitschriften gab es nur Mode für dünne Frauen. Die Frauen hatten einen unglaublichen Nachholbedarf. Wir Plus-Size-Bloggerinnen waren zu der Zeit Pioniere. Heute gibt es so viele tolle junge curvy Frauen auf den sozialen Kanälen. Ich kann mich langsam zurückziehen und Platz machen für die junge Generation. Mein Fokus hat sich verändert in Richtung Selbstliebe und Selbstakzeptanz.

Dein Erfolg hat doch sicher auch mit Deiner Persönlichkeit zu tun? Du präsentierst Dich stark und selbstbewusst.

Ich akzeptiere mich so, wie ich bin, und das strahle ich aus. Mit hat sicher auch geholfen, dass ich einen Körper habe, mit dem man medial umgehen kann. Ich habe eine Taille, einen relativ schlanken Oberkörper und schlanke Arme. Im Grunde entsprechen meine Proportionen dem Idealbild schlanker, nur dass ich dick bin.

Woher kommt Dein entspanntes Verhältnis zu Deinem Körper?

Das hat viel damit zu tun, was einem die Eltern vorleben. Von anderen Frauen weiß ich, dass ihre Mütter sich ständig über ihre eigene Figur beklagt haben. Meine Mutter nie. Genauso wenig hat sie sich jemals über ihr Aussehen definiert. Auch Diäten oder Gewichtsabnahme waren bei uns nie ein Thema. Mein Äußeres wurde weder bewertet noch kommentiert. Das hat mich im Leben sehr geprägt.

Die Farbe Rot: Caterina sammelt Taschen und hübsche kleine Objekte. Die Zeichnung zeigt sie als »Megabambi«.

Home-Office: Caterinas Wohnung in Berlin-Steglitz ist gleichzeitig ihr Arbeitsplatz. Hier führt sie online ihre Kurse als systemischer Coach durch und produzierte während des Lockdowns auch ihren Podcast vom Esszimmer aus.

> Je mehr wir uns klarmachen, was wir alles können und worin wir gut sind, desto stärker und selbstbewusster werden wir.

Offenbar haben Deine Eltern sehr viel richtig gemacht?

Ich bin ihnen dankbar, dass ich recht geschlechtsneutral erzogen und nie für typisch weibliche Attribute gelobt wurde. Mädchen mussten in ihren Augen weder süß noch niedlich sein. Obwohl ich mehr wog als meine Freundinnen, hatte ich nicht das Gefühl, ich sei irgendwie anders. Ich erinnere mich, dass auf dem Schulhof mal ein Junge zu mir sagte: »Wenn du dünn wärst, könntest du Model werden.« Und ich dachte nur: »Spannend! Vielleicht hat er recht.«

Bemerkenswert, dass Du das so positiv interpretiert hast. Jede andere hätte gedacht: »Oje, der findet mich fett, ich muss abnehmen!«

Auf die Idee wäre ich nie gekommen. Sich zu schämen, das ist vor allem so ein Frauen-Ding. Oft ist es genau diese Scham, die uns Frauen davon abhält, das zu tun, wozu wir eigentlich Lust hätten. Ständig denken wir darüber nach, was andere dazu sagen könnten. In der Pandemie habe ich mit Stand-up-Paddling angefangen. Es war mir vollkommen egal, ob andere über mich lachen. Jemand, der dünn ist, macht am Anfang garantiert auch keine bessere Figur.

Du bist gerade 40 geworden. Machst Du Dir Gedanken über das Alter?

Auch da ist meine Mutter mein bestes Vorbild. Sie hat mit über 50 Jahren noch mal was ganz anderes gemacht und eine Ausbildung angefangen. Sie hat mir gezeigt, dass es nie zu spät ist, sich neu zu erfinden.

Schützt positives Denken vor Verletzungen?

Wenn ich gut mit mir umgehe, schütze ich mich vor allem selber. Schon als Teenager wollte ich unbedingt diese knappen Shorts anziehen. Die sehen bei meinen Beinen aber einfach nicht aus. Ich könnte jetzt rumjammern über meine Figur. Ich kann aber auch einfach wunderschöne weitschwingende Röcke und Kleider anziehen. Lenke den Fokus immer auf die Dinge, die Du an Dir magst. Und weise andere niemals, wirklich niemals, auf Deine Schwachstellen hin, weil sich der Blick dann nur noch darauf richtet. Vor allem aber: Erlaube anderen nie mehr, Dich respektlos zu behandeln.

Und wenn Dir doch jemand blöd kommt?

Dann lasse ich es nicht an mich heran. Nicht ich habe ein Problem, sondern mein Gegenüber. Wichtig ist außerdem auch, verzeihen zu können. Nicht, um den anderen zu entlasten, sondern damit du Frieden mit Dir selber schließen kannst.

Love your body – Love yourself – Coaching für mehr Selbstliebe

1

Du kannst lernen, Deine eigenen Bedürfnisse wieder zu spüren, Dich selbst wahrzunehmen und Dich selbst glücklich zu machen.

2

Du kannst lernen zu erkennen, dass Du viel mehr selbst in der Hand hast als Du denkst. Du kannst lernen, selbstbestimmt durchs Leben zu gehen. Denn Du hast es selbst in der Hand.

3

Du kannst lernen, das Potenzial, das in Dir steckt, zu entdecken, zu entfalten und ganz nach Deinen Wünschen zu optimieren.

4

Du kannst lernen, den Mut zu entwickeln, größer zu träumen, als Du es bisher gewagt hast. Und lernen, diese Ziele und Träume auch umzusetzen.

5

Du kannst lernen, ein wertschätzendes Gefühl für Dich und Deinen Körper zu entwickeln. Und lernen, die schönen Dinge an Dir zu sehen.

6

Du kannst lernen, Dich unabhängig von den Meinungen und Erwartungen anderer zu machen und frei von vermeintlichen Schönheitsidealen.

7

Du kannst lernen, Deine Gedanken positiv auszurichten, Dich in eine positive Grundstimmung zu bringen und auch in der Alltagsroutine Momente der Lebensfreude und Leichtigkeit zu finden.

8

Du kannst lernen, das Vertrauen in Dich selbst zu stärken und darauf zu vertrauen, dass Du genau richtig bist, so wie Du bist.

BEST OF ...
CATERINA POGORZELSKI

BLOG

Seit 2014 bloggt sie unter dem Namen Megabambi über Mode, Beauty und Wellness. Sie lässt ihre Community an ihren Modeljobs teilhaben, zeigt sich in immer neuen Looks und gibt Tipps zu den Themen Styling, gesunde Lebensweise, Sport und Selbstliebe.

COACHING

Mit ihrer Arbeit als systemischer Coach, Hypnose- und Wingwave-Coach geht Caterina noch mal ganz neue Wege. Ihre Schwerpunkte sind: Persönlichkeitsentwicklung, Vermittlung positiver Mindsets, Bewältigung von Lebenskrisen. Die Wingwave-Methode ist ein Kurzzeit-Coaching, das in wenigen Sitzungen zum Abbau von emotionalem Stress und von inneren Blockaden führen kann. Erreicht wird dieser Effekt, indem mittels Wischbewegungen vor den Augen wache REM-Phasen (rapid eye movement) erzeugt werden, die sonst nur im Schlaf auftauchen.

PODCAST

Women Empowerment: In ihrem Podcast »Megabambi by Caterina Pogorzelski« ermutigt die Berlinerin andere Frauen zu mehr Selbstliebe, Selbstbewusstsein, Weiblichkeit und Lebensfreude.

Sobald wir Verantwortung für unser Leben übernehmen, kommen wir ins Handeln und raus aus der Opferrolle.

Echt? Du erlebst keine Anfeindungen?

Wenig. Kaum. Das hat auch damit zu tun, dass ich jeden Tag gestylt bin, mich hübsch anziehe und selbstbewusst aus dem Hause gehe. Da traut sich keiner, mich fertigzumachen.

Brauchen wir solche Begriffe wie »Curvy« oder »Plus Size« überhaupt noch?

Eigentlich nicht, das ist wie mit der Frauenquote. Die wäre auch überflüssig, wenn es wirkliche Gleichberechtigung gäbe. Solche Begrifflichkeiten sind ein Zwischenschritt. Vor zehn Jahren gab es überhaupt keine Sichtbarkeit für unterschiedliche Körper. Das nächste Level wäre, wenn es keine Rolle mehr spielt, wie ein Körper aussieht. Darum gefällt mir »Body Neutrality« auch besser als »Body Positivity«. Aber zunächst sollten wir uns alle mal darin üben, uns weniger zu bewerten.

Gar nicht so leicht.

Eine gute Übung ist es, mal einen Tag lang alles ganz wertfrei zu betrachten, ohne zu bewerten und zu beurteilen. Kein: Oje, wie sehe ich oder die denn aus! Da fällt einem erstmal auf, wie sehr wir selber Urteile über andere Frauen fällen. Was auch hilft: anderen ein Kompliment machen. Das tun wir viel zu selten. Und lernen, Komplimente anzunehmen und sich zu bedanken, statt sie kleinzureden.

‘Ein positives Mindset ist mir heute wichtiger als

Äußerlich-
keiten,

| **DANA PATTERSON** PLUS-SIZE-MODEL AUF INSTAGRAM |

‘Das einzige Gewicht, das zählt, ist das innere Gleichgewicht’

BRITTA SABBAG

Schriftstellerin | Kinderbuchautorin

Britta Sabbag ist Autorin und hat bisher mehr als 50 Bücher geschrieben. Ihr Ansatz, Frauen zu stärken, beginnt schon bei den Kleinsten, und deswegen schreibt sie neben Romanen auch Bilder-, Kinder- und Jugendbücher für jedes Alter. Ihre Werke landen regelmäßig auf den Bestsellerlisten, bereits vom ersten Roman an bis hin zu der millionenfach verkauften Kinderbuchreihe »Die kleine Hummel Bommel«, die sie zusammen mit der Sängerin Maite Kelly herausgebracht hat. 1978 in Osnabrück geboren, lebt sie heute mit ihrer Familie in einem Landhaus zwischen Bonn und Köln.

Auch in Büchern und Filmen ist es langsam Zeit für mehr Diversität und Körpervielfalt. Kurvige Frauen als Heldinnen in der Literatur gab es bisher selten. Und wenn, dann entweder als lustiger Sidekick oder Frustrierte auf Dauerdiät. Das entspricht weder der Realität, noch ist es hilfreich für die Akzeptanz dicker Frauen in der Gesellschaft. Dagegen schreibt die Autorin Britta Sabbag an. Sie hat eine neue Romanfigur erfunden, die ein Gegenentwurf zu allen gängigen Klischees ist. Überhaupt ist es das Markenzeichen der vielschreibenden Autorin: gesellschaftlich relevante Themen aufzugreifen, verpackt in leichte und lockere Unterhaltungsliteratur – für Erwachsene, Jugendliche und Kinder.

Du hast eine Romantrilogie geschrieben mit einer kurvigen Protagonistin. Was macht sie so besonders?

Sie ist irre tough, super straight, sie ist klug, schlagfertig und weiß genau, was sie will. Und das erreicht sie auch.

Das unterscheidet sie von anderen Figuren mit mehr Gewicht in Büchern oder Filmen.

Das war der Plan. Es gibt ja unzählige curvy Vorgängerinnen, die wohl bekannteste ist Bridget Jones. Aber alle Charaktere haben eines gemeinsam: Sie hadern mit sich, schämen sich für ihre Figur und finden sich nie gut genug. Ich wollte den Spieß umdrehen und über eine Hauptfigur schreiben, die zwar curvy ist, sich aber total super findet. Sie käme gar nicht auf die Idee, dass irgendwas mit ihr nicht stimmen könnte. Meine Protagonistin ist völlig im Reinen mit sich, bekommt aber oft von außen vermittelt, was sie angeblich alles nicht kann oder darf.

> Die Welt da draußen ist so dermaßen divers und bunt und vielschichtig, das muss sich endlich auch in der Werbung, in Büchern und in Filmen widerspiegeln.

Es sind nur die anderen, die ihr einreden, sie sei nicht gut genug. Die sie einschränken wollen und ihr Möglichkeiten verwehren, weil ihre Figur angeblich nicht in die Norm passt. Nicht sie macht sich runter, ihr Umfeld tut es.

Gesellschaftskritik verpackt in einen Frauenroman?

Ja. Ich habe keine wissenschaftliche Abhandlung geschrieben, sondern ein Buch, das unterhaltsam ist und viel Humor hat. Die Frauen sollen Spaß haben beim Lesen. Gleichzeitig möchte ich natürlich auch eine Botschaft vermitteln.

Nämlich welche?

Ich möchte den Frauen Mut machen: Lasst euch von niemandem einreden, ihr seid nicht gut genug. Du musst dich nicht ändern. Wenn sich etwas ändern muss, dann ist es die Einstellung der anderen. Das Buch soll deutlich machen: Der Fehler liegt nicht bei denen, deren Körper nicht dem Idealmaß entspricht, der Fehler liegt in einer Gesellschaft mit ihrem antiquierten Schubladendenken begründet. Und der halte ich den Spiegel vor.

Wie zum Beispiel?

Oft zeigt sich gerade in Kleinigkeiten, welches Denken immer noch vorherrscht. Die Hauptfigur, Freddy, ist Kolumnistin bei einem Frauenmagazin. Zur Bebilderung will die Redaktion aber kein Foto von ihr nehmen, sondern eins von einer schlanken Frau, weil sie denken, dann verkauft es sich besser. Und das sind Verhaltensweisen, mit denen dicke Frauen immer noch tagtäglich konfrontiert werden. Das muss endlich mal aufhören. Für ihre Kolumne bekommt sie viel Feedback. Anfangs nur von Leserinnen, die so aussehen wie sie, dann aber auch von anderen. Weil das Thema Selbstwahrnehmung und das Gefühl, nicht gut genug zu sein, alle betrifft. Und ich weiß von so vielen Frauen, die sich völlig unnötigerweise kleiner machen als sie sind.

Was muss sich ändern in der Darstellung von Dicken?

Sind Dicke im Spiel, ist auch der Slapstick nicht weit. Häufig sehen wir dann die etwas tolpatschige Pummelige, die sich selber doof findet und die doch bitte froh sein soll, wenn sie überhaupt einen abkriegt. Da wünsche ich mir einen normaleren Umgang. Warum werden Dicke anders erzählt oder dargestellt als Dünne? Warum spielt bei denen das Gewicht eine Rolle, während es bei Schlanken kein Thema ist? Mich stört auch, dass es in Filmen oft nur die eine dicke Figur gibt, was dem Durchschnitt der Bevölkerung komplett widerspricht. Die Welt da draußen ist so dermaßen divers und bunt und vielschichtig, das muss sich endlich auch in der Werbung oder in Filmen widerspiegeln.

Wie beurteiltst Du die Darstellung in den Medien? Auf dem Zeitschriftenmarkt?

Ich bin oft erschrocken, wie wenig fortschrittlich und zeitgemäß dort agiert wird. Besonders in Boulevardblättern, aber sogar in Frauenmagazinen. Auf der einen Seite sind sie am Puls der Zeit, spüren jeden Trend auf, auf der anderen Seite werden Frauen immer noch weitgehend über ihr Äußeres definiert. Ständig ist das Gewicht ein

> **Meine Botschaft: Du bist okay, so wie Du bist. Egal, wie Du aussiehst. Du musst dich nicht ändern. Wenn sich etwas ändern muss, dann ist es die Einstellung der anderen.**

Thema, sei es mit Abnehmtipps oder mit bösen Kommentaren, wenn eine ein paar Kilo zugenommen hat, während andere für erfolgreiche Diäten gefeiert werden. Ja, es ändert sich. Aber viel zu langsam. Die kommerziellen Branchen wie Mode, Kosmetik, Unterhaltung, Medien tun sich immer noch schwer mit echter Diversität. Besonders deutlich wird das in der Parfümwerbung, wo es wirklich total egal wäre, welche Figur jemand hat. Aber in den Kampagnen sehe ich keine einzige kurvige Frau.

> **Ich kenne so viele Frauen, die immer nur warten auf den Tag, wo alles mega ist und sie wunderschön, superschlank, reifer, schlauer, witziger sind. Aber dieser Tag kommt nie. Stattdessen kannst du jetzt für dich losgehen und alles erreichen, was du willst. Das Einzige, was du wirklich brauchst, ist Entschlossenheit .**

In Deinem Roman greifst Du noch eine andere Thematik auf: das Leben in der Warteschleife. Was hat es damit auf sich?

O ja. Ein weit verbreitetes Phänomen. Gerade unter Frauen. Ich kenne so viele, die immer nur warten, warten, warten. Warten auf die bessere Version ihrer selbst, um dann endlich durchzustarten. Warten darauf, dass irgendwann alles perfekt ist und mega. Warten auf den Tag, wo sie wunderschön sind, superschlank, reifer, schlauer, witziger. Das ist vertane Zeit, die dich daran hindert, jetzt zu handeln. Ungefähr so, als würde man permanent mit angezogener Handbremse durchs Leben fahren. Lasst euch bloß nicht aufhalten, euer Traumleben zu führen, weil ihr denkt, ihr seid noch nicht »bereit«. Der Tag des vollkommenen Bereitseins kommt nie, weil man nie »perfekt« ist. Lieber unperfekt starten und auf dem Weg lernen.

Deine Bücher sind auch Hilfe zur Selbsthilfe: Was empfiehlst Du Deinen Leserinnen stattdessen?

Wenn ich in den vergangenen elf Jahren meiner Selbständigkeit etwas gelernt habe, dann das: Klar gibt es irgendwo in irgendeinem Universum immer eine bessere Version meiner Selbst. Aber ich kann auch mit der Version, die sich hier auf Erden befindet, alles erreichen. Es gibt von mir auch Fotos mit Doppelkinn oder wo ich bei Buchvorstellungen neben modelähnlichen Moderatorinnen sitze, die neben mir wie Elfen wirken. Ich habe aber nicht trotz, sondern mit meiner Figur ein wunderbares Leben. Das stört mich übrigens auch an Body Positivity. Es geht mir nicht weit genug. Body Positivity sagt, ich soll mich gefälligst immer toll finden. Aber es gibt doch auch Tage, wo ich mich nicht gut oder nur so mittel finde. Die Botschaft sollte doch sein: Es ist total okay, sich mal nicht toll zu finden, aber ich lasse mich trotzdem nicht aufhalten. An Tagen, wo ich denke: 40 Prozent super, 60 Prozent geht so, kann ich doch trotzdem alles erreichen und meine Träume verwirklichen.

Hattest Du für die Romanfigur ein bestimmtes Vorbild?

Ja, mich. Als ich die Protagonistin erfunden habe, bin ich von mir ausgegangen. In meinem Leben, meiner Karriere, meinen Beziehungen hat mich meine Figur nie von irgendetwas abgehalten. Ich habe alles erreicht, was ich wollte: Ich habe den Mann, den ich wollte, den Beruf, den ich ausüben wollte, ich habe einen wundervollen Sohn. Und glaube nicht, dass mein Leben in Größe 34 entscheidend anders verlaufen wäre.

Wie und wo hast Du recherchiert?

Ich bin jetzt 43 und habe schon einiges durchgemacht. Das reicht als Inspiration und Input. In meine Bücher fließen eigene Erfahrungen und viele Gespräche mit Freundinnen, Leserinnen, anderen Müttern ein. Meine Art der Recherche findet im ganz normalen Alltag statt.

Wie bist Du zum Schreiben gekommen?

Für eine Buchautorin gibt es ja nicht den klassischen Ausbildungsweg. Ich habe Sprachwissenschaften, Psychologie und Pädagogik studiert. Danach war ich als Personalreferentin bei einem großen Unternehmen. Mit dem ganzen Karrierehamsterrad, wie man es so kennt. Dann wurde die Firma verkauft, ich musste die ganze Abwicklung machen, weil 150 Mitarbeiter entlassen werden sollte. Die 150. war ich.

Der filmreife Klassiker. Warst Du geschockt?

Weniger, als ich befürchtet hatte. Nach der Kündigung saß ich mit meinem Karton aus dem Büro zu Hause auf dem Sofa und dachte: So, und jetzt? Eigentlich müsstest du weinen oder wenigstens wütend und verzweifelt sein. Aber es passierte gar nichts. Außer einem großen Gefühl der Erleichterung.

Offenbar war es nicht der richtige Job?

Offenbar. Ich habe mein Studium mit Eins Komma Null abgeschlossen, ich wollte genau so eine Karriere machen. Ich war nicht unglücklich damit, aber wenn ich ehrlich war, richtig erfüllt hat es mich auch nicht. Nach vielen Gesprächen und Spaziergängen im Wald gab mir eine Freundin den entscheidenden Anstoß: »Du hast doch jetzt Zeit, mach doch endlich das, was du schon immer mal machen wolltest.«

Und was war das?

Ich wollte immer ein Buch schreiben, wusste aber überhaupt nicht, wie man das macht. Ich bin da total naiv und unbedarft rangegangen, habe einfach drauflos geschrieben. Es sprudelte nur so aus mir heraus, wie bei einer Sektflasche, die dreißig Jahre lang geschüttelt wurde. Nach sechs Wochen war mein erster Roman fertig. »Pinguinwetter«, er landete gleich auf der Bestseller-Liste. Seitdem habe ich mehr als 50 Bücher geschrieben, Frauenromane, Bilder- und Kinderbücher.

Weil man nicht früh genug anfangen kann, wenn man in der Gesellschaft etwas verändern will?

Rollenbilder, Klischees und Vorurteile werden mit der Erziehung mitgegeben. Dazu gehört auch, was und wie etwas in Büchern dargestellt wird. Mit den richtigen Botschaften können wir schon die Kleinsten stärken und aufbauen. Mein erstes Kinderbuch habe ich 2015 zusammen

> **Auch an Tagen, die nur 40 Prozent super und 60 Prozent geht so sind, kann ich alles erreichen und meine Träume verwirklichen.**

mit Maite Kelly rausgebracht. Vordergründig geht es in der Geschichte um eine kleine Hummel, die angeblich zu kleine Flügel zum Fliegen hat, die aber mit Mut und Selbstvertrauen alles schaffen kann.

Du hast einen Sohn im Kindergartenalter. Welche Werte gibst Du ihm mit? Was ist Dir wichtig?

Das Bild einer starken Frau und Mutter, die mit sich zufrieden ist und die alles erreichen kann. Das muss ich ihm nicht erzählen, das lebe ich ihm vor. Er sieht mich jeden Tag, wie ich mich durch nichts aufhalten lasse und dass es für mich kein »Das geht nicht« gibt. Für ihn ist eine emanzipierte, gleichberechtigte Frau etwas ganz Normales. Gleichzeitig sieht er aber auch, dass sein Vater genauso selbstverständlich den Haushalt mitmacht und sich um die Erziehung kümmert.

Die Protagonistin in Deinem Buch ist erfolgreich im Job, die angelt sich auch einen super Typen. Wie lernen die sich kennen?

> **Ich habe alles erreicht, was ich wollte. Und ich glaube nicht, dass mein Leben in Größe 34 entscheidend anders verlaufen wäre.**

In einer Bar. Er findet an ihr gut, dass sie sich selber gut findet und nicht mit sich hadert. Dass sie so schlagfertig auf einen blöden Anmachspruch eines anderen reagiert und diese positive Ausstrahlung hat.

Hast Du da auch wieder aus eigener Erfahrung geschrieben?

Mit Sicherheit. Ich habe auch einen Partner, der sehr gut aussieht. Das Problem sind nicht ein paar Kilo mehr, sondern die Einstellung zum eigenen Körper. Wenn ich mit meiner Figur kein Problem habe, warum sollten es dann andere haben? Hadere ich aber damit, signalisiere ich das auch anderen Menschen und auf einmal fällt denen etwas negativ an mir auf, was sie vorher gar nicht bemerkt haben. Wenn einen eine Person mit ihrem Witz, ihrer Intelligenz, ihrem Charme und ihrer Persönlichkeit umhaut, achtet keiner darauf, wie groß der Hintern ist.

Trotzdem haben dickere Frauen bei Tinder rein optisch erstmal schlechtere Karten und in Kontaktanzeigen suchen Männer eher nach schlanken Frauen.

Da herrscht in der Gesellschaft leider immer noch ein bestimmtes Bild vor, wie Frauen zu sein haben. Überhaupt muss endlich mal damit Schluss sein, dass man Menschen vorschreibt, so und so ist die Norm und der Rest wird nicht akzeptiert. Dabei geht es ja nicht nur um die Figur, es geht um Hautfarben, Herkunft, sexuelle Orientierung. Es kann einfach nicht sein, dass jemand ausgegrenzt wird, nur weil er anders ist als eine vermeintliche Mehrheit, die in vielen Fällen gar keine Mehrheit ist. Denn curvy ist weit mehr verbreitet als Size Zero.

Dein Mutmach-Mantra an alle Frauen da draußen?

Das einzige Gewicht, das zählt, ist das innere Gleichgewicht!

‘Ich wollte bleiben wie ich bin, auch wenn mir immer wieder gesagt wurde, ich müsse abnehmen, um erfolg-reich zu sein,

| **DENISE BIDOT** PLUS-SIZE-MODEL |

‘Schönheit ist nicht nur ein Geschäft. Sie ist vor allem eins: politisch’

DR. ELISABETH LECHNER

Kulturwissenschaftlerin | Publizistin | Speakerin

Dr. Elisabeth Lechner (32) ist Kulturwissenschaftlerin und hat zu weiblichen Körpern und Body Positivity an der Universität Wien promoviert. Die Österreicherin lehrt an der Uni, publiziert wissenschaftliche und essayistische Werke, gibt Workshops zu den Themen Medienkompetenz, Feminismus, Body Shaming und Lookismus, außerdem arbeitet sie als Referentin im Büro für digitale Agenden der Arbeiterkammer Wien. 2020 veröffentlichte sie ihr Buch »Riot, don't diet! – Aufstand der widerspenstigen Körper« (Verlag Kremayr & Scheriau). In den sozialen Medien ist sie unter @femsista zu finden.

Weibliche Körper und ihre Ideale: Wer nicht der Norm entspricht, wird diskriminiert und ausgegrenzt. Doch wer definiert überhaupt, was Schönheit ist, wem nützt sie und wie politisch ist sie? Die österreichische Kulturwissenschaftlerin Dr. Elisabeth Lechner hat zu den Themen Body Shaming, Body Positivity und Feminismus promoviert und darüber ein Buch geschrieben. In »Riot, don't diet!« ruft sie dazu auf, endlich mal auf den Optimierungswahn und gesellschaftliche Strukturen wütend zu werden, die uns allen schaden. Bevor wir uns also weiter geduldig in Selbstliebe üben, sollten wir lieber gemeinsam eine Schönheitsrevolution anzetteln.

Alle reden von Diversität, aber ist es tatsächlich egal, wie jemand aussieht? Werden wirklich alle Körper akzeptiert?

Das wäre das Ziel, aber so weit sind wir leider noch nicht. Schönheitsideale sind zwar immer im Wandel, aber verschwunden sind sie keineswegs. Und da setze ich mit meinem Anliegen an. Ich möchte zeigen, wie sehr allein Äußerlichkeiten über Chancen und Lebenswege eines Menschen entscheiden, wie sehr jene, die nicht der Norm entsprechen, diskriminiert und in ihrer persönlichen Entfaltung begrenzt werden.

Und welches Ideal gilt heute als schön?

Im Gegensatz zu den 1990er-Jahren sollte eine als schön geltende Frau heute nicht mehr gertenschlank sein, sondern durchtrainiert, fit und an den »richtigen« Stellen kurvig, Stichwort Sanduhrfigur. Trotz aller propagierten Diversität ist sie immer noch überwiegend weiß, höchstens ein bisschen »exotisch«, hat lange Haare, eine glatte Haut

> Wir leben immer noch in einer Gesellschaft, in der Äußerlichkeiten über Chancen und Lebenswege eines Menschen entscheiden.

und ist perfekt geschminkt. Das große Thema der vergangenen Jahre heißt Selbstoptimierung. Das Beste aus sich machen zu wollen, ist zunächst weder verkehrt noch verwerflich. Problematisch wird es, wenn das von der Schönheitsindustrie freudig aufgegriffene Konzept dem Vermarkten von Produkten dient, die gegen vermeintliche Unzulänglichkeiten helfen sollen. Um den Profit zu maximieren, werden uns ständig neue körperliche Schwachstellen eingeredet. Dabei erfasst der kommerzialisierte Optimierungswahn immer absurdere Regionen des Körpers und macht selbst vor Vulvalippen, Fußsohlen und Oberschenkelzwischenräumen (»Thigh Gap«) nicht halt.

Wie wirkt es sich auf mein Leben aus, wenn ich nicht der sogenannten Norm entspreche?

Ich drehe es mal um und beginne mit den Privilegien, die als attraktiv empfundenen Menschen zuteilwerden. Studien belegen, dass sie leichter Partner und Jobs finden, mehr verdienen und schneller befördert werden. Sie erhalten eine bessere Gesundheitsversorgung, bei Gerichtsverhandlungen fallen die Strafen milder aus und schon in der Schule bekommen gut aussehende Schülerinnen die besseren Noten. Unsere Gesellschaft und der öffentliche Raum sind auf Norm-Körper ausgerichtet. Allen anderen werden Steine in den Weg gelegt. Oft sind das massive Felsbrocken. Leider.

Welche Erfahrungen müssen Mehrgewichtige machen?

Allein über ihre Statur wird eine Gruppenzugehörigkeit und Vereinheitlichung hergestellt, die der Diversität und Individualität der einzelnen Personen überhaupt nicht gerecht wird. Dann kommen schnell Verallgemeinerungen wie: »Alle Dicke sind ...« Diese Menschen erleben nicht nur einen gesellschaftlich sanktionierten Dickenhass, sie werden auch strukturell diskriminiert. Sie werden medizinisch schlechter versorgt, haben es überall schwerer, auf dem Arbeitsmarkt bis hin zum Dating. Und spätestens da merken wir, dass die Schönheitsfalle keine individuelle Sache mehr ist, sondern eine politische. Den einen werden Chancen gegeben, die den anderen nur aufgrund von Äußerlichkeiten verwehrt werden.

Die sogenannten Normschönen genießen Vorteile, die ihnen oft gar nicht bewusst sind.

Ja. Wir sprechen dann von »Thin Privilege«. Auch wenn jede dünne Person unzufrieden sein und das auch artikulieren darf, hat sie doch ein gesellschaftliches Privileg, das sich vor allem in reibungsloser Alltagserfahrung ausdrückt. Musste sie sich schon mal Sorgen darüber machen, ob der Kinosessel zu eng für sie sein könnte oder ob sie schiefe Blicke erntet, nur weil sie in der Öffentlichkeit etwas isst oder Sport macht? Sie wird nicht angestarrt oder ausgelacht, wenn sie schwimmen geht oder im Sommer Shorts trägt. Das alles sind Lebensrealitäten dicker Menschen, ihr Tun und Handeln unterliegen einer ständigen Kontrolle. Und es ist das Privileg normschöner Menschen, über diese Fragen nicht nachdenken zu müssen, denn die Welt ist für sie gemacht.

> **Um Profit zu maximieren, werden uns ständig neue körperliche Schwachstellen eingeredet. Dabei erfasst der kommerzialisierte Optimierungswahn immer absurdere Regionen des Körpers.**

Woher kommt bloß dieses Festhalten am schlanken Ideal?

Wir leben in einer lookistischen Gesellschaft, die Menschen extrem aufgrund ihres Äußeren beurteilt. »Schöne« Menschen werden auf-, »hässliche« abgewertet. Der junge, weiße, fitte Körper steht für Leistungsfähigkeit. Dick wird dagegen immer noch mit Krankheit, Maßlosigkeit und Kontrollverlust assoziiert. Und diese Stereotype und Vorurteile halten sich deswegen so lange, weil sie so gut zu unserer Leistungsgesellschaft passen. Was gleichbedeutend ist mit: Wer nicht schlank und durchtrainiert ist, hat sich einfach nicht genug angestrengt.

Waren wir schon immer so fettfeindlich?

Die Definition, was ein schöner Körper ist, hat sich im Laufe der Jahrhunderte natürlich verändert. Wir haben Körperfett nicht immer mit den gleichen Zuschreibungen und Assoziationen wie heute versehen. Aber das asketische Ideal des bewussten Verzichts und der Kontrolle über den eigenen Körper gewann ab Mitte des 19. Jahrhunderts immer mehr an Bedeutung. Gleichzeitig wurden dickere Menschen zunehmend diskriminierend behandelt. Diese Abwertungen gab es selbst in der Frauenbewegung. Die ersten Feministinnen, die sogenannten Sufragetten, setzten ihr äußeres Erscheinungsbild strategisch für ihre emanzipatorischen Kämpfe ein. Um ernst genommen zu werden, gaben sie einem ganz bestimmten Typus von Aktivistinnen mehr Raum: Ordentlich angezogen, weiß und dünn. Mehrgewichtige Mitstreiterinnen hatten oftmals das Nachsehen. Das gilt übrigens auch für die zweite Generation der Feministinnen. Gloria Steinem, ohne ihre Verdienste schmälern zu wollen, war auch deshalb öffentlich so präsent, weil ihr wegen ihres guten Aussehen zugehört wurde, auch wenn man mit den Inhalten nicht immer einverstanden war. Ihre Attraktivität ermöglichte ihr sogar, undercover beim Playboy zu recherchieren.

Gegenwind und Kritik bekommen dickere Frauen häufig von anderen Frauen. Solidarität sieht anders aus, oder?

Die gegenseitige Abwertung unter Frauen ist keine Überraschung. Wir alle sind in denselben männlich dominierten Strukturen aufgewachsen, die Frauen über ihr Aussehen bewerten und die Konkurrenz untereinander verstärken. Möglicherweise haben diese Frauen ein Leben der kompletten Entsagung, des Verzichts und des Kampfes für eine schlanke Figur geführt, um für Männer attraktiv zu sein, und nun sehen sie andere selbstbewusste Frauen, die sich nicht verstecken

„Die gegenseitige Abwertung unter Frauen ist keine Überraschung, wir alle sind in denselben männlich dominierten Strukturen aufgewachsen.

> **Jahrhundertelang wurden Frauen auf ihr Aussehen und auf ihre reproduktiven Fähigkeiten reduziert. Darum überrascht es nicht, dass der Schönheitsdruck auf Frauen stärker lastet als auf den Männern.**

und ihren Wert nicht daran festmachen, ob sie dem hetero-normativen Schönheitskonzept entsprechen. Für all jene, die schon so viel Zeit, Geld und Schmerz in Schönheitsarbeit investiert haben, muss sich Body Positivity und die Freiheit, in jedem Körper als schön gelten zu können, wie eine Ohrfeige anfühlen.

Aber das erklärt noch nicht, warum die Kritik oft mit so viel Emotionalität und offenem Hass einhergeht.

Wer andere wegen ihrer Figur diffamiert, hat oft mit sich selbst die größten Probleme. Trotz aller Body-Positivity-Bewegungen und Kampagnen für mehr Körperakzeptanz führen wahnsinnig viele Menschen einen täglichen Kampf gegen ihren eigenen Körper. Jeder dritte Deutsche hat Angst, zu viel Gewicht auf die Waage zu bringen. 70 Prozent der Mädchen empfinden sich laut Umfragen als zu dick.

Hat Body Positivity denn gar nichts gebracht?

Doch. Unsere Sehgewohnheiten verändern sich, wenn die unterschiedlichsten Körper in den öffentlichen Raum kommen und als schön und begehrenswert dargestellt werden. Unabhängig von Hautfarbe oder Statur. Das ist ein wichtiger Schritt auf dem Weg zu echter, gelebter Diversität. Natürlich sind Selbstliebe und Selbstfürsorge auch auf individueller Ebene von großem Wert, denn ständige Scham hat fatale Folgen für die eigene Identität. Wenn ein liebevollerer Umgang mit sich selbst gelingt, kann das für den Einzelnen heilsam und sehr tröstlich sein. Aber das Perfide ist, dass natürlich auch die Body-Positivity-Bewegung kapitalisiert wird und die Unternehmen Produkte mit dickeren oder nicht-weißen Körpern bewerben, die aber oft nur minimal von der geltenden Norm abweichen.

> **Ursprünglich war bei Body Positivity überhaupt nicht die Rede davon, dass wir uns 24 Stunden am Tag schön und toll finden sollen.**

Die ständige Aufforderung »Liebe dich selbst« kann einen aber auch ziemlich unter Druck setzen.

Allerdings. Das kenne ich gut. Obwohl ich mich seit Jahren mit Körperbildern und den Mechanismen dahinter auseinandersetze, steckt der kritische Blick auf uns selbst tief in uns drin. Und nur weil heute die Werbung sagt: »Jetzt fühl dich schön«, ist ja nicht am nächsten Tag alles super. Ursprünglich war bei Body Positivity überhaupt nicht die Rede davon, dass wir uns 24 Stunden am Tag toll finden sollen. Es ging vielmehr darum, die strukturelle Diskriminierung von dicken Menschen zu beenden. Genau dafür setzten sich die Frauen der amerikanischen Fat-Acceptance-Bewegung bereits in den 1960er-Jahren ein.

Einen Schritt weiter geht Body Neutrality.

Richtig. Da lautet die Botschaft: Man ist dem Körper dankbar, dass er einen überhaupt durchs Leben trägt, aber man ist viel mehr als die äußere Hülle. Body Neutrality stellt den Begriff der Schönheit grundsätzlich in Frage und ruft dazu auf, alle Körper ungeachtet ihres Aussehens zu respektieren. Es ist wichtig zu lernen, unseren Selbstwert nicht nur aus dem Aussehen zu ziehen, sondern sich auf das zu fokussieren, was wirklich zählt: unsere Persönlichkeit, unsere Fähigkeiten, unser Austausch mit anderen Menschen. Was macht uns aus? Dass wir loyale Freundinnen sind, eine hoffnungslose Optimistin oder ein kreativer Kopf. Body Neutrality wertet nicht.

Aber manchmal macht es doch auch Spaß, sich hübsch zu machen. Sollen wir jetzt alle Schminkprodukte wegwerfen?

Ja, das ist ein Widerspruch, den wir aber gut aushalten können. Natürlich kann und darf es Freude bereiten, zum Friseur zu gehen, Make-up aufzutragen oder sich für Mode zu interessieren. Gleichzeitig ist schon viel gewonnen, wenn man über die Mechanismen der Schönheitsindustrie Bescheid weiß und sich nicht immer neue körperliche Defizite einreden lässt. Es kann sehr befreiend sein, das nächste Mal vor einem vollen Regal mit Detox-Tees, Anti-Cellulite- oder Diät-Produkten zu stehen und zu denken: »Ha, damit kriegt ihr mich nicht. Ich bin gut, so wie ich bin. Das Letzte, was ich jetzt brauche, ist eine sinnlose Creme gegen Falten.«

Auch Männer lassen sich mittlerweile Botox spritzen oder lackieren sich die Fingernägel – doch wenn es um Schönheitsideale geht, betrifft es immer noch hauptsächlich Frauen.

Männern wird ein größerer Spielraum in der Akzeptanz von Äußerlichkeiten gelassen. Das liegt an unserem patriarchalisch geprägten System. Jahrhundertelang wurden Frauen auf ihr Aussehen und auf ihre reproduktiven Fähigkeiten reduziert, sie waren zuständig für die Care-Arbeit, die Männer für Geist, Kultur und das Geldverdienen. Darum überrascht es nicht, dass der Schönheitsdruck auf Frauen stärker lastet als auf den Männern. Aber nicht nur beim Thema Schönheit gibt es weiterhin Ungleichheit in der Behandlung. Wir sehen es am Gender-Pay-Gap, bei der Jobvergabe und den Karriereaussichten. Frauen werden in medizinischen Studien vergessen oder bei der Entwicklung technischer Geräte nicht berücksichtigt. Selbst die digitalen Welten, die wir uns jetzt bauen, schreiben die alten Vorurteile weiter, weil ihnen von Männern programmierte Algorithmen mit unausgewogenen Daten zugrunde liegen.

> **Body Neutrality stellt den Begriff der Schönheit grundsätzlich in Frage und ruft dazu auf, alle Körper gleichermaßen zu respektieren.**

Hinzu kommt: Egal, wie man es als Frau macht, irgendwas ist immer falsch.

Im Patriarchat gibt es keine richtige Art, Frau zu sein. Wenn man sich das immer wieder in Erinnerung ruft, lässt sich entspannter damit umgehen. Ist der Rock zu kurz, heißt es, man sei zu sexy angezogen. Achtet man nicht extra aufs Äußere, gilt man als ungepflegt. Besonders schwer wird Frauen in der Öffentlichkeit das Altern gemacht.

IMMER GUT INFORMIERT ... MEDIENEMPFEHLUNGEN

SOCIAL-MEDIA-FOLLOW-TIPPS

@wirmuesstenmalreden – *»Drei mehrgewichtige I-WoCs (Indigene Women of Color) informieren, reden und schreiben über Rassismus und Fettfeindlichkeit.«*

@yes2bodies – *Melanie Dellenbach. »Schweizer Initiative gegen Dickendiskriminierung und für Körperdiversität«*

@zu.oft.gehoert – *»Was von Diskriminierung betroffene Menschen wirklich nicht mehr hören können.«*

@sofiehagendk – *Sofie Hagen. »Großartige dänische Komikerin, Aktivistin und Autorin von »Happy Fat« (DuMont Buchverlag, 2020)*

@iweigh – *»Body Neutrality und gleichnamiger Podcast von Jameela Jamil.«*

WEITERFÜHRENDE LITERATUR

Jes Baker: *Things No One Will Tell Fat Girls. A Handbook for Unapologetic Living (Seal Press, 2015)*

Charlotte Cooper: *Fat Activism. A Radical Social Movement (HammerOn Press, 2016)*

Evette Dionne: *Fat Girls Deserve Fairy Tales Too. Living Hopefully on the Other Side of Skinny (Seal Press, 2020)*

Aubrey Gordon: *What We Don't Talk About When We Talk About Fat (Beacon Press, 2020)*

Lindsay und Lexie Kite: *More Than a Body. Your Body Is an Instrument, Not an Ornament (Houghton Mifflin, 2020)*

Anne Sophie Menzinger: *Fat Acceptance. Positionen und Praxen einer körperpolitischen Bewegung (Marta Press, 2017)*

Melodie Michelberger: *Body Politics (Rowohlt, 2021)*

Laurie Penny: *Meat Market. Female Flesh Under Capitalism (John Hunt, 2011)*

> **Es kann sehr befreiend sein, das nächste Mal vor einem vollen Regal mit Detox-Tees, Anti-Aging- oder Diät-Produkten zu stehen und zu denken: Ha, damit kriegt ihr mich nicht. Ich bin gut, so wie ich bin.**

Und auch hier sind es die Frauen selbst, die sich darüber ereifern, ob und in welchem Maß die Moderatorin Anne Will ihr Gesicht einer Schönheitskorrektur unterzogen hat. Wenn sie versucht, das Altern aufzuhalten, gibt es einen Shitstorm. Entscheidet sie sich, auf natürlichem Wege zu altern, hat sie möglicherweise bald keinen Job mehr.

Welchen Anteil haben die Medien daran?

Gerade klassische Frauen- und Boulevardmagazine bedienen in nahezu erschreckender Weise überholte Stereotype, statt sie aufzubrechen, auch wenn sie auf ihren Covern oft Diversity und Selbstliebe bewerben. Seit den 1980er-Jahren wird uns vermittelt, dass wir alles selber in der Hand haben. Das heißt in der Konsequenz aber auch, dass wir für unser Glück und Aussehen selber verantwortlich sind. Und wenn dann eine Heidi Klum vier Wochen nach der Geburt ihres vierten Kindes einen Traumbody präsentiert, fühlen wir uns schlecht, weil wir nicht schaffen, was sie geschafft hat. Aber wer hat denn die Möglichkeit, sich pausenlos um sich selbst zu kümmern? Reiche und Hollywoodstars haben durch ihre Personaltrainer, eine perfekt abgestimmte Ernährung und eine freiere Zeiteinteilung wesentlich realistischere Chancen, einen normschönen Körper zu formen als eine alleinerziehende Mutter, die sich mit mehreren Jobs über Wasser halten und auf nährstoffarme Fertigmahlzeiten voller Zucker und Stärke zurückgreifen muss, weil diese günstig verfügbar sind. Da wünsche ich mir auch von den Medien einen kritischeren Blick auf die systemischen Zusammenhänge.

Wer abnimmt, wird gefeiert. Adele kam erst aufs Cover der Vogue, nachdem sie 40 Kilo abgenommen hatte.

Für Gewichtsverlust gibt es selbst dann noch Komplimente, wenn der Grund dafür persönliche Traumata oder schwere Lebenskrisen sind. Das ist absurd. Dabei ist längst erwiesen, dass Diäten nichts bringen und der Body-Mass-Index Blödsinn ist, zumindest als Maß für Gesundheit. Trotzdem orientieren sich immer noch viele Mediziner:innen an diesem Wert. Er wurde sogar Anfang der Nullerjahre ohne Notwendigkeit herabgesetzt, wodurch Millionen von Menschen in die pathologisierte Kategorie »adipös« fielen. Davon profitiert vor allem die Diäindustrie, weil sie so noch mehr Menschen ihre gewichtsreduzierenden Mittel verkaufen kann. Dabei ist Gesundheit so viel komplexer als eine Zahl auf der Waage. Am Ende ist es einfach so, wie meine Oma immer gesagt hat: »Es gibt halt dicke und es gibt dünne Menschen.« Vollkommen wertneutral.

Gleichzeitig scheint die jüngere Generation der Frauen schon sehr viel selbstbewusster zu sein. Oder täuscht der Eindruck?

Das ist durchaus eine positive Entwicklung. Gerade die jungen Frauen sind in den sozialen Medien gut vernetzt und informiert. Sie wachsen mit anderen Körperbildern auf, reden offen über die Struggles, lernen von Vorbildern, den Druck einzuordnen und sich kritisch zu positionieren. Und es ist wichtig, dass sie den Mut haben, sich mit jeder Art von Körper öffentlich zu präsentieren. Es gibt so viele tolle Accounts, die sich differenziert mit dem Thema auseinandersetzen. Andererseits darf man nicht unterschätzen, dass der Schönheitsdruck durch die sozialen Medien gestiegen ist, weil es heute viel mehr Möglichkeiten der Selbstinszenierung gibt.

> Gerade die jungen Frauen wachsen mit anderen Körperbildern auf, reden offen über die Struggles, lernen von Vorbildern, sich kritisch zu positionieren. Und es ist wichtig, dass sie den Mut haben, sich mit jeder Art von Körper öffentlich zu präsentieren.

‘ Im Patriarchat gibt es keine richtige Art, Frau zu sein.

Was ist mit all den Frauen, die eigentlich dem gängigen Schönheitsideal entsprechen, sich im Internet aber ungeschminkt oder mit winzigen Speckfalten am Bauch präsentieren?

Jede und jeder kann Schönheitsdruck empfinden und sich dazu äußern, aber aus meiner Sicht sollten sich diese Frauen nicht als Zentrum der Body-Positivity-Bewegung inszenieren, die doch eigentlich marginalisierte Körper schützen wollte. Und diese sollten in den Diskursen auch den größten Raum einnehmen dürfen. Hinzu kommt: Wir leben in einer Zeit des Plattformkapitalismus. Dahinter stehen keine demokratischen Institutionen, deren Bestreben es ist, die Welt inklusiver und solidarischer zu machen. Das ist Facebook und YouTube komplett egal. Ihr Ziel ist es, die Menschen möglichst lange auf ihren Plattformen zu halten, um mit möglichst zielgerichteter Werbung ihre Produkte zu verkaufen. Und nach der Ökonomie der Sichtbarkeit ist es kein Wunder, dass die am meisten angeklickten Beiträge unter dem Hashtag #BodyPositivity immer noch Postings von dünnen, weißen Frauen mit minimalen Makeln sind. Unter Maßgabe der Werbelogik werden solche Bilder von den Algorithmen bevorzugt und nicht die der dicken oder schwarzen Frauen. Das ist aber nicht die Schuld der dünnen Frauen. Die könnten sich höchstens solidarisch zeigen und statt Fotos von sich lieber auch mal die einer stärker betroffenen Frau teilen.

Du rufst zu einer Schönheitsrevolution auf. Wie sieht die aus?

Wir sollten dafür kämpfen, dass Schönheit viel inklusiver verstanden wird – damit endlich jeder Mensch die Chancen bekommt, die ihm zustehen. Es wird Zeit, dass wir unsere Kultur der oberflächlichen Bewertung, die so viele verletzt, in eine Kultur des solidarischen Miteinanders verwandeln. Wir müssen aufhören, uns und andere wegen ein paar Kilos, Dellen oder Falten zu beschämen.

In Deinem Buch »Riot, don’t diet!« gehst Du noch einen Schritt weiter und plädierst dafür, wütend zu werden.

Dauernd mit unerreichbaren Idealen und neuen Unzulänglichkeiten konfrontiert zu werden, immer zu dick, zu dunkel, zu wenig, zu alt zu sein, sich nie repräsentiert zu sehen oder aufgrund körperlicher

> **Wir sollten all unsere schlechten Gefühle umdrehen und die Wut nicht mehr gegen uns selbst und unseren Körper richten, sondern gemeinsam gegen ein System, das uns allen schadet.**

Merkmale ausgegrenzt zu werden, das tut weh, das macht zornig und regt auf. Und da sollen wir hübsch ruhig bleiben und uns gegen den Selbsthass in Selbstliebe-Mantras üben? Nein. Wir sollten all unsere schlechten Gefühle umdrehen und den Zorn und die Wut nicht mehr gegen uns selbst und unseren Körper richten, sondern gemeinsam gegen ein System, das uns allen schadet. Da reicht es nicht aus, auf einer individuellen Ebene jeden negativen Gedanken mit positiven Affirmationen à la »Du bist schön, so wie Du bist« und Dankbarkeits-Mantras umzuprogrammieren. Nur die Gründe für Diskriminierung ausfindig zu machen, hilft auch nicht weiter, wir müssen kollektiv gegen sie vorgehen.

Wie kann das konkret aussehen?

Endlich aufhören, andere aufgrund ihres Äußeren zu bewerten. Stattdessen auch mal Komplimente machen, die nichts mit dem Aussehen zu tun haben. Unseren Social-Media-Feed ausmisten und alle Accounts löschen, die das Schönheitsdiktat fortschreiben und einem ein schlechtes Gefühl vermitteln. Dickenhass im Internet kommentieren. Stellung beziehen, statt zu schweigen. Weg mit Bodyshaming, her mit Empowerment. Menschen in unser Leben lassen, die anders aussehen, denken oder fühlen als wir. Und sich hinterfragen, wo man sich selbst ausgrenzend verhält.

Oft denkt man ja, allein kann man nichts ausrichten.

Erstens stimmt das nicht und zweitens muss man es ja auch nicht. Man kann Petitionen unterzeichnen, Projekte unterstützen, sich mit anderen vernetzen und gemeinsam aktiv werden. Vor allem aber dürfen wir die Betroffenen nicht allein lassen mit ihren Erfahrungen. Wir müssen lernen, ihnen zuzuhören und sie stärken, wo es nur geht. Wenn wir wirklich etwas verändern wollen, muss die Hauptlast immer die als Norm angenommene Mehrheit tragen. Sie muss ihre Verhaltensmuster und die systemischen Strukturen überdenken und verändern. Wir können von marginalisierten Personen neben all der Diskriminierung, die sie erleben, nicht auch noch unentgeltliche Bildungsarbeit für die Allgemeinheit erwarten. Das wäre nur ein weiteres Fortschreiben der Unterdrückung.

‘ Hört endlich auf, andere aufgrund ihres Äußeren zu bewerten. Weg mit Bodyshaming, her mit Empowerment.

‘Wenn ich mich jemals von meinen dicken Oberschen-keln hätte aufhalten

lassen, wäre
ich mit
Sicherheit
nicht da,
wo ich
heute bin,

| **ASHLEY GRAHAM** IN DER AMERIKANISCHEN ELLE |

‘Die Solidarität unter Frauen ist so wichtig, weil wir zusammen viel mehr erreichen können als allein’

THELMA BUABENG

Film-und Theaterschauspielerin | Moderatorin | Initiatorin

Wenn schwarze Frauen heute in deutschen Filmen endlich Ärztinnen oder Anwältinnen spielen können, dann ist das auch Schauspielerinnen wie Thelma Buabeng zu verdanken. Sie ist eine der Künstlerinnen, die den kulturellen Veränderungen in diesem Land eine Stimme und ein Gesicht geben. Seit Jahren engagiert sie sich gegen Rassismus, ist es aber leid, immer nur über dieses Thema reden zu müssen. Lieber spricht sie über ihre tollen Projekte, Frauensolidarität und wie wichtig Empowerment ist.

Manchmal hat Thelma Buabeng einfach keine Lust mehr. Da ist sie es so leid, anderen zu erklären, was man sagen darf und was nicht und ob und wann etwas rassistisch ist. Oder ständig befragt zu werden, wie das denn eigentlich so sei als schwarze Frau in Deutschland. Mal ehrlich: Wie oft werden das Weiße gefragt? Ständig soll sie Auskunft geben, über ihre Erfahrungen berichten oder Stellung beziehen. Zu immer denselben Themen, immer wieder Rassismus, Diskriminierung und Diversity, manchmal kommt dann noch Dicksein dazu.
Es ist ein Dilemma, das auch Thelma immer wieder an ihre Grenzen bringt. Natürlich sei es gut, wenn diese Themen Aufmerksamkeit bekämen, aber sie findet, »ich bin hier doch nicht die Rassismus-Beauftragte«.

Denn klar ist: Ohne Menschen wie sie, die ihre Stimme erheben, damit sich etwas ändert, die auf Missstände hinweisen, würde sich gar nichts ändern. Gleichzeitig will sie den sogenannten »Racism Porn« nicht noch mehr bedienen, der schwarze Schauspieler, Musiker, Autoren oder Sportler auf ihre Hautfarbe und ihre rassistischen Erfahrungen reduziert. Der Alltagsrassismus, sagt sie, sei so tief in unserer Gesellschaft verankert und so sehr Teil ihres Lebens. »Wenn mir jede diskriminierende Begebenheit aufs Gemüt schlagen würde, wäre ich wahrscheinlich schon längst aus dem Fenster gesprungen.« Darum wolle sie einfach nicht mehr andauernd über Rassismus reden. »Das frisst so viel Energie, die ich lieber in meine Arbeit stecken würde oder in Projekte, die mir Spaß machen und am Herzen liegen.«

Davon gibt es eine Menge. Die 41-Jährige hat so viel Power, dass diese zum Glück noch für sehr viele andere Beschäftigungen reicht. Thelma feiert Erfolge als Schauspielerin, sie ist im Kino, im Fernsehen und auf Theaterbühnen zu sehen, spielte in preisgekrönten Produktionen wie »Berlin Alexanderplatz« oder »Borga«, hat ihre eigene Comedy-Show (»Tell Me Nothing From The Horse«), moderiert das Talk-Format »Five Souls« auf YouTube, die Konzert- und Performance-Reihe »Open Stage Berlin« auf Arte und wird für Werbekampagnen gebucht, zum Beispiel für Louis Vuitton. Die Bandbreite zeigt, wie vielseitig sie ist und wie mühelos sie die Genres wechseln kann. In der ZDF-Kinderserie »Löwenzahn« überzeugt sie genauso wie in der spektakulären Neuinszenierung des Klassikers »Orpheus« am Schauspielhaus in Zürich, wo sie seit 2019 fest zum Ensemble gehört.

Es ist selten, dass Thelma mal Zeit hat, still zu sitzen, wie jetzt in der Küche ihrer Wohnung in Berlin, vor sich auf dem Tisch ein sommerlicher Blumenstrauß, der in einer knallgelben Plastikgießkanne steckt. An die Wände hat sie quadratische Stoffbahnen gehängt, afrikanische Waxprints mit leuchtenden Mustern. »Meine Freundin und Kollegin Annabelle Madeng meinte, hier sähe es so kahl aus, da müsste mal was Buntes an die Wände.« »Mal was Buntes« ist gut. Ihre Wohnung ist ein Feuerwerk an Farben. In einem Raum herrscht sattes Rot vor, inklusive rot gestrichener Tür. Im Wohnzimmer ein großes gemütliches Sofa in Magenta vor senfgrün gestrichener Wand, auf dem Boden ein lilafarbener Teppich. Dazu mausgraue Kleidung wäre jetzt komisch, könnte man sich bei Thelmas starker Präsenz und ihrem Selbstverständnis auch nicht vorstellen, obwohl sie, wie sie sagt, auch mal was in Beige anziehen würde. Aber sonst: orange das aufregend dekolletierte Kleid, pink der Blazer.

Zu den besonders schönen und erfreulichen Dingen in ihrem Leben gehört »Five Souls«, eine wöchentliche Talkshow, die sie zusammen mit Hadnet Tesfai und Tasha Kimberly moderiert. Produziert im Auftrag des SWR, ist die Sendung jederzeit auf YouTube zu sehen. Mit zwei weiteren, wechselnden Gästen wird dort in jeder Folge über ein anderes Thema diskutiert. Über Leichteres wie Dating-Pannen, aber auch sehr Ernstes wie häusliche Gewalt und toxische Beziehungen. Das Konzept sei großartig, nicht nur, weil die Gastgeberinnen alle BIPoCs (Black Indigenious People of Color) seien, sondern weil sie endlich mal nicht dauernd über ihre Rassismuserfahrungen sprechen müsse. »Ich wollte schon immer mal eine Sendung machen, in der ich über ganz normale alltägliche Dinge reden kann, über die im Fernsehen sonst nur weiße Leute reden. Über Liebe, Familie, sexuelle Vorlieben, aber auch mal lockere Themen wie Mode, Lifestyle, bei denen man einfach nur mal Spaß haben kann.«

Color me Sunshine: Orange, Rot und Lila – Thelma Buabeng setzt auf kräftige Farben, bei der Einrichtung und bei ihren Outfits. Das Kleid ist von der Berliner Designerin Nobi Talai.

> **Ich war immer umgeben von starken Frauen. Meine große Schwester und meine Mutter sind wie Freundinnen für mich!**

Thelma freut sich über Formate wie »Five Souls«, um gleich darauf ernüchtert festzustellen, wie absurd es eigentlich sei, dass sie sich überhaupt darüber freuen muss. »Echt jetzt? Wir haben 2022!« Über Alltagsthemen reden? Für jeden Weißen so normal, dass es einem nicht mal mehr auffällt, für People of Color etwas Besonderes. Immer noch. Darum seien solche Sendungen so wichtig, sagt sie, weil sie die bundesdeutsche Realität abbildeten und mehr für Vielfalt tun würden als theoretische Debatten. Es geht darum, die gesellschaftlichen Veränderungen endlich auch in den Medien, in Filmen, auf den Bühnen, in den Unternehmen sichtbar zu machen. Völlig egal, welche Hautfarbe oder Figur jemand hat. Es ist Frauen wie Thelma zu verdanken, dass sich was tut.

Als sie vor fast 20 Jahren als Schauspielerin anfängt, sieht das noch ganz anders aus. Thelma wird 1981 in Ghana geboren und wächst in Meckenheim bei Bad Godesberg auf, zu der Zeit ist Bonn noch die Hauptstadt der Bundesrepublik. Ihre Mutter arbeitet als Botschaftsangestellte. Im Kindergarten und in der Schule ist Thelma die einzige Schwarze. Wirklich gestört habe sie das aber nicht. Sie sei beliebt gewesen. »So paradox es klingt, aber auch ich bin rassistisch sozialisiert worden. Wir Älteren kennen doch alle noch die Kinderlieder und Kinderbücher, in denen das N-Wort wie selbstverständlich vorkam.« Ihre Kindheit hat sie in guter Erinnerung, zu Hause wird viel gelacht, getanzt und »viel zu viel gegessen«. Ständig ist irgendjemand zu Besuch, alle wissen: Bei den Buabengs ist immer was los. »Wir waren sowas wie der Hotspot der afrikanischen Community.«

In ihrem Elternhaus erlebt sie, was Sisterhood und Frauenpower bedeuten und wie wichtig es ist, füreinander da zu sein. Diese Erfahrungen prägen sie bis heute. »Ich war immer umgeben von starken Frauen. Meine große Schwester und meine Mutter sind wie Freundinnen für mich!« Figur und Diäten, das sei auch zu Hause dauernd ein Thema gewesen, obwohl es in ihrem Geburtsland Ghana eine ganz andere Körperkultur gebe. »Kurven sind dort sexy.« Als Teenie sei Thelma ständig mit der Frage beschäftigt gewesen, wie sie am besten abnehmen könne, dann habe sie tagelang nur Säfte getrunken. »Aber als ich so Mitte, Ende 20 war, habe ich mich entschieden, meinen Körper so zu lieben, wie er ist.«

Mit etwa fünf Jahren sieht Thelma den Film »Die Farbe Lila« und ist beeindruckt, genauso wie von Diana Ross, deren Konzerte die Buabengs auf VHS-Kassette haben und die immer eingelegt wird, wenn Thelma von der Mutter die Haare

> **Das Leben, das viele schwarze Frauen hierzulande führen, wird im deutschen Fernsehen noch viel zu wenig dargestellt.**

geflochten bekommt. »Eine schwarze Frau in der Entertainment-Branche, das war mein Vorbild.« Als daraus mit 16 der konkrete Wunsch wird, Schauspielerin zu werden, habe ihre Mutter nur gesagt: »Im deutschen Fernsehen sehe ich niemanden, der so aussieht wie du.« Ob sie nicht lieber Ärztin oder Anwältin werden wolle?

Auch später an der Schauspielschule hieß es noch, als Schwarze bekäme sie nie einen Job. Aber Thelma bekam Jobs. Den ersten in der Lindenstraße. Und was spielt sie da? Eine aidskranke, geflüchtete Nigerianerin. »Es haben sich wirklich alle Klischees bewahrheitet, vor denen man mich gewarnt hat.« Sie spielt Prostituierte, Dienstmädchen, Drogenabhängige, Klofrauen. Sie nimmt die Angebote trotzdem an. »Mir war immer klar, wenn ich das nicht spiele, habe ich nichts in meiner Vita stehen. Dann kennt mich keiner und ich bekomme auch keine Engagements.«

Pragmatisch, so läuft es bei Thelma. Nicht jammern, sondern machen. Und wenn die interessanten Rollen ausbleiben, dann schreibt sie sich eben selbst welche: 2016 startet sie mit »Tell Me Nothing From The Horse« ihre eigene Comedyserie auf YouTube. Allein der Titel, der auf die Redensart »Erzähl mir nichts vom Pferd« anspielt, beweist, dass die Schauspielerin sehr viel Humor und sehr viel Selbstironie hat. Das wird auch beim Gespräch deutlich, bei dem sie immer wieder in ihren rheinischen Slang verfällt. Das Format zeigt fünf schwarze Frauen in Deutschland, ein Querschnitt durch die Gesellschaft, alle gespielt und erfunden von Thelma Buabeng: Da ist die Hippiebraut Marie Jo, die irgendwann die Welt retten will, die Predigerin Gladys aus Bonn, da ist das grell geschminkte Insta-Girl Vivian in ihren Glitzerklamotten, die wütende Aktivistin Naomi sowie die Frührentnerin Annemie, die kein Nazi ist, der aber ihre Heimatstadt langsam doch ein bisschen zu bunt wird. »Das Leben, das viele schwarze Frauen hierzulande führen, wird im deutschen Fernsehen noch viel zu wenig dargestellt. Mit diesen Figuren wollte ich mich wehren.«

Ihre Beharrlichkeit, ihr unermüdliches Nicht-locker-Lassen haben sich gelohnt. Heute spielt sie genau das, was längst selbstverständlich sein sollte: eine Ärztin oder eine Gymnasiallehrerin wie zuletzt in dem Kinofilm »Wunderschön«. 2018 war sie die erste schwarze Staatsanwältin im deutschen Fernsehen, Nachname: Duwe. Mit Vornamen heißt sie in ihren Rollen mittlerweile Biggi oder Heidi, viel deutscher geht's kaum. »Und dass mich Kinder in der ZDF-Serie »Löwenzahn«

als Journalistin sehen, ohne dass meine Hautfarbe oder meine Herkunft thematisiert wird, ist natürlich toll. Das macht mir Mut.«

Ja, es ändert sich was. In kleinen Schritten, »Babysteps«, wie sie sagt. Die Werbung wird diverser, in der öffentlichen Darstellung werden endlich auch andere Körper sichtbar als weiße oder dünne. Übers Dicksein hat sie kürzlich in einem Interview gesagt: »Klar, innerhalb meiner Bubble hat sich viel getan. Ich sehe neue Bilder, neue Wahrheiten, Zeitschriften wie das Curvy Magazine, viele empowernde und erfolgreiche Influencerinnen. Aber wenn ich rausgehe aus den Foren über Body Positivity, dann ist da noch viel Luft nach oben.« Und sie kritisiert, dass diese gerade so propagierte Vielfalt oft nicht aus

Familienbande: Das gerahmte Foto zeigt ihre Mutter, die ihre Tochter zu der starken Persönlichkeit erzogen hat, wie man auch auf Thelmas Autogrammkarten sieht.

BEST OF ... THELMA BUABENG

TALKSHOW

In »Five Souls« sprechen die Moderatorinnen Thelma Buabeng, Hadnet Tesfai und Tasha Kimberly mit jeweils zwei Gästen über Liebe, Sex, Beziehungen, Promis und Popkultur. Die 48 Folgen der ersten Staffel sind auf YouTube zu sehen und (zeitlich begrenzt) in der ARD-Mediathek.

COMEDY-SERIE

»Tell Me Nothing From The Horse«, kurz TMNFTH, zeigt fünf schwarze Frauen in Deutschland, die auf humoristisch-satirische Weise einen Querschnitt unserer Gesellschaft widerspiegeln. Thelma spielt nicht nur alle Charaktere selbst, sie hat 2016 auch die Figuren und das Format entwickelt und konzipiert. Die Serie läuft auf YouTube.

FEMALE EMPOWERMENT

Thelma hat im Sommer 2020 die Social-Media-Gruppe »Black Womxn Matter Germany« ins Leben gerufen. Dort vernetzen sich schwarze Frauen aus den unterschiedlichsten Bereichen zum Austausch und zur gegenseitigen Unterstützung. Sie organisieren auch gemeinsame Aktionen und Petitionen.

Überzeugung geschehe, sondern aus wirtschaftlichem Interesse. Das heißt dann »Tokenism«. »Aber vielleicht ist es wie mit der Emanzipation, vielleicht dauert es einfach mit dem Wandel«, sagt Thelma und versucht, sich in Geduld zu üben. Fällt ihr nicht leicht, lieber erledigt sie die Dinge sofort und zackzack. Wie auch das Shooting. Man kann gar nicht so schnell gucken, wie sie die Outfits wechselt.

Und dann geschieht doch immer wieder was, wo auch sie nicht geduldig abwarten kann, wo sie wieder einschreiten muss, obwohl sie doch keine Aktivistin sein will. Dann passierten in den USA der Mord an George Floyd und die rassistischen Anschläge in Hanau, und sie soll wieder als schwarze Frau den Weißen den Rassismus erklären. »Nein«, sagt sie, »damit ist Schluss. Ganz ehrlich, wir werden diskriminiert, wir sind die Betroffenen und dann sollen wir auch noch die ganze Aufklärungsarbeit leisten? Klärt euren Scheiß allein.« Sie sei auch immer fassungslos, wie schnell Nichtbetroffene genervt seien von Sachen, die sie nicht betreffen. »Deutsche Nachbarn meiner Mutter haben ihr während der Black-Lives-Matter-Bewegung geschrieben, dass sie jetzt langsam mal die Schnauze voll hätten von dem Thema Rassismus. Ihr habt die Schnauze voll? Weil ihr mal ein paar Wochen in der Zeitung oder dem Fernsehen mit dem Thema konfrontiert werdet? Was sollen wir denn sagen? Wir werden jeden Tag unseres Lebens leibhaftig damit konfrontiert.« Bei sowas kann sie sich richtig in Rage reden in ihrer Küche.

Als ihr das alles zu viel wird, gründet sie im Sommer 2020 die WhatsApp-Gruppe »Black Womxn Matter Germany«: »Zu der Zeit ging es mir sehr schlecht. Ich bin morgens aufgewacht, sah die Nachrichten und hab direkt angefangen zu

Macht gute Laune: farbenfrohe afrikanische Waxprints an den Wänden, ein bunter Strauß Blumen auf dem Tisch und Thelma in einem Wrap-Dress von Asos in leuchtendem Orange.

Empowerment: Multitalent Thelma Buabeng ermutigt andere Frauen und macht sich stark für mehr Vielfalt in unserer Gesellschaft und in ihren Rollen.

›Loszulassen, zu sich zu stehen und sich zu lieben, das ist das Allerwichtigste. Das hätte ich gern früher kapiert.

weinen. Ich merkte einfach, ich kann und will das nicht mehr allein schaffen. Also habe ich zu meinen Sistas gesagt, dass wir uns treffen und gegenseitig unterstützen sollten.« Die Resonanz war riesig, es war wie ein Schneeballsystem, innerhalb kurzer Zeit waren mehr als 300 Frauen aus der schwarzen Community in der Gruppe. »Da habe ich gesehen, dass nicht nur ich das Bedürfnis nach Verbindung habe.« Diese Erfahrung, sagt sie, gebe ihr so viel Kraft und Zuversicht. »Wir kennen den Schmerz, wir können ihn teilen. Empowerment heißt das Stichwort. Und der erste Schritt ist Selbstliebe. Diskriminiert werden hat ja ganz viel damit zu tun, dass man das Gefühl hat, man ist nicht richtig, man gehört nicht dazu. Wir stärken uns gegenseitig. Wenn eine aus unserer Gruppe etwas Tolles geschafft hat, ein Buch geschrieben, eine Sendung gemacht, ein Label gegründet, dann kommt von allen Seiten so viel Liebe, Leute feiern einen, posten ›cool!‹. Und wenn einer etwas Schlimmes passiert, dann fangen wir sie auf und signalisieren: Lehn dich zurück. Wir kümmern uns.« Das sei gerade total schön und unbezahlbar.

Sieht sie sich denn als Vorbild? »Viele Leute aus der Community bedanken sich für meine Arbeit und finden toll, was ich repräsentiere.« Durch YouTube und die sozialen Medien würden sie auch viele Jüngere wahrnehmen, die ihr schreiben, dass Thelma sie ermutigt habe. Das mache sie glücklich und sei eine tolle Bestätigung. Gleichzeitig wolle sie sich aber auch vor der Generation von schwarzen Frauen verneigen, die gerade heranwächst, weil sie so »toll, stark, mutig und selbstbewusst« seien. »Ich habe mich nie für meine Hautfarbe geschämt oder mir gewünscht, lieber weiß zu sein.« Trotzdem lerne sie gerade junge Frauen Mitte 20 kennen, die so viel Feuer unterm Hintern hätten und die ihre Identität und ihre Wurzeln feierten, wie sie das früher noch gar nicht konnte. »Das bewundere ich. Loszulassen, zu sich zu stehen und sich zu lieben, das ist das Allerwichtigste und das hätte ich im Nachhinein gern früher für mich realisiert!«

Trotzdem, so sagt sie, würden wir uns in die richtige Richtung bewegen. Sie habe das schöne Gefühl, dass es immer mehr darum gehe, gemeinsam etwas zu schaffen. Und ihre große Hoffnung ist, dass die Zeit der Einzelkämpferinnen endlich der Vergangenheit angehört. »Die Solidarität unter Frauen ist so wichtig. Weil wir zusammen viel mehr erreichen können als allein.«

‘Ich möchte anderen Frauen zeigen, dass sie sich in jeder Größe schön anziehen können’

VERENA PRECHTL

Bloggerin | Influencerin | Stil-Expertin

Bei Verena Prechtl dreht sich alles um Mode und Stil. Ihre Leidenschaften lebt die Plus-Size-Influencerin auf ihrem Fashion- und Lifestyle-Blog »The Skinny And The Curvy One« genauso aus wie in ihrem perfekt eingerichteten Zuhause im Süden von München. Mit ihrer positiven Ausstrahlung und lockeren Art macht sie vielen anderen Frauen Mut und beweist, dass Schönheit und Geschmack keine Frage der Kleidergröße sind.

Schöner Wohnen am Stadtrand von München: Dort lebt Verena Prechtl mit ihrem Mann Maximilian Hörl und dem Hund Timon, einem rumänischen Straßenhund, der gerade in der Pubertät, dafür aber erstaunlich brav ist. Wer die perfekt eingerichtete Maisonettewohnung mit großem Garten betritt, merkt es gleich: Hier wohnt ein Paar mit Stil und Sinn für Ästhetik. Das offene Wohnzimmer dominiert ein Loungesofa aus dunkelblauem Samt mit vielen Kissen, die das Ganze zu einer gemütlichen Kuschelecke machen. Was vor allem auffällt, sind die vielen ausgesuchten Dekostücke, die Bildbände und die Fotokunst an den Wänden. Alles ist farblich aufeinander abgestimmt und sorgsam drapiert, dennoch fühlt man sich nicht wie in einer Möbelausstellung, sondern noch wohler als zu Hause. Und das hat vor allem mit Verena Prechtl zu tun.

Die erfolgreiche Bloggerin hat nicht nur einen guten Geschmack, die 32-Jährige ist auch eine ausgesprochen herzliche Gastgeberin, die eine solche Lebensfreude und Energie ausstrahlt, dass es einem selbst gleich ein bisschen besser geht. Allerdings nur so lange, bis man sie fragt, seit wann sie denn schon an diesem schönen Ort wohnt. »Seit sechs Wochen.« Oh! Neid!

Wie, bitteschön, schafft man es, nach nur sechs Wochen perfekt eingerichtet zu sein?

Einrichten macht mir einfach Spaß und ich brauche ein schönes Zuhause, damit es mir gut geht. Ich bin gern Gastgeberin und kann es kaum erwarten, endlich wieder Freunde zum Essen einzuladen und alle bekochen zu können.

Was war Dir wichtig bei der Einrichtung?

Unsere Gäste sollen sich bei uns genauso wohlfühlen wie wir. Wir wollten immer eine offene Küche. Die haben wir jetzt. Da ist die Atmosphäre gleich viel lockerer als bei einer abgetrennten Küche, wo einer einsam vor sich hin kocht. Weil es kommunikativer ist, waren uns auch ein runder Esstisch wichtig und bequeme Stühle. Es gibt nichts Schlimmeres, als beim Essen unbequem zu sitzen. Und ich liebe Coffeetablebooks, frische Blumen und Dekorationsstücke. Da bin ich immer wieder auf der Suche nach besonderen Stücken. Wie die Bulb-Lampe von Ingo Maurer oder der Eiskühler in Form einer Ananas aus den Siebzigerjahren. Und ich bin ein riesiger Jonathan-Adler-Fan. Ich mag es clean, aber gemischt mit etwas Grellem, Buntem, gern auch mit etwas Kitschigem.

Woher kommt Dein Faible für Kunst und Design?

Ich bin da ganz natürlich reingewachsen. Mein Vater ist seit 40 Jahren Kunst- und Antiquitätenhändler am Tegernsee. Ich war mit meinen Eltern auf vielen Flohmärkten, wir sind rumgereist, waren auf Messen, Auktionen. Seitdem bin ich eine Flohmarkt-Queen, ein richtiges Trüffelschweinchen. Nach meinem Politikwissenschaftsstudium bin ich bei meinem Vater ins Geschäft eingestiegen, wir haben damals sogar zusammen einen Kunsthandel in München eröffnet. Ich wollte aber immer mein eigenes Ding machen. Unser Blog lief damals nur nebenher, mittlerweile ist es ein Vollzeitjob, von dem ich gut leben kann.

Die Rede ist von »The Skinny And The Curvy One«, der Fashion-Blog, den Du 2013 mit Sophia Thorer gegründet hast?

Genau. Wir kennen uns schon seit fast 19 Jahren vom Tegernsee, wo ich aufgewachsen bin. Wir sind beste Freundinnen, haben alles zusammen gemacht und uns schon immer für Mode interessiert. Irgendwann fragte ich sie, ob wir nicht einen Blog zusammen machen wollten.

Worum geht es da genau? Was wollt Ihr vermitteln?

Als wir vor acht Jahren starteten, gab es zwar jede Menge Modeblogs, aber keinen, der kleine Größen mit Plus Size verband. Und wie der Titel vermuten lässt, haben wir sehr unterschiedliche Figuren. Aber genau das spiegelt die Realität: Es gibt nicht nur dick oder dünn, nicht nur das eine Schönheitsideal. Da setzen wir an: Wir wollen anderen Frauen zeigen, dass sie sich in jeder Größe schön anziehen können. Egal, ob in Größe 36 oder 50. Auch mit meiner Figur kann man Modetrends mitmachen.

Welche Styling-Tipps hast Du für kurvige Frauen?

Zunächst einmal: Modediktate gibt es bei uns nicht. Die machen nur schlechte Laune. Jede soll anziehen, worin sie sich wohlfühlt. Wenn eine Frau lieber etwas kaschieren möchte, dann

‘Ich mache mein Glück nicht mehr von meinem Gewicht abhängig.

soll sie das tun, wobei ich das Wort nicht mag. Je mehr man sich verhüllt, desto dicker erscheint man. Das scheint paradox, denn uns wurde lange eingeredet, dass man als kurvige Frau besser weite Kleidung tragen sollte. Dabei sind Oversize-Klamotten für uns eher kontraproduktiv, weil man darin schnell sackartig aussieht und einen noch dicker erscheinen lässt. Ich bin ein Fan von körperbetonter Kleidung. Man sollte aber darauf achten, dass die Kleidung wirklich passt. Das gilt für Kleidung in jeder Größe. Es gibt auch Menschen mit Größe 36, die zu kleine Hosen anziehen. Leider.

Eure Botschaft?

Spielt mit Kleidung und verschiedenen Stilen. Probiert Euch aus. Traut Euch, Eure Figur zu zeigen. Und wenn Ihr Bikini tragen wollt, dann macht es einfach.

Deinen Instagram-Account hast Du auch mit einem Bikini-Foto von Dir gestartet.

Stimmt. Das war eines der ersten Fotos, das sofort viral ging und für das ich fast 10 000 Likes bekommen habe. Natürlich gab es auch Hasskommentare, aber die Reaktionen waren überwiegend positiv. Viele Frauen haben sich dafür bedankt, dass mein Mut, mich so zu zeigen, auch ihnen Mut gemacht hat.

Wie ging es Dir damit, Dich öffentlich im Bikini zu präsentieren?

Ich bin recht freizügig unterwegs und zeige mich immer so, wie ich bin. Im Bikini, in Unterwäsche. Offline ist mir das sowieso egal. Wenn Menschen mich anschauen wollen, sollen sie doch. Natürlich war es am Anfang nicht leicht, Bikini-Fotos von mir zu posten. Aber es gab so viel aufmunterndes und positives Feedback, dass ich mich auch gern weiter so präsentiere. Ich mag Bikini-Fotos sogar sehr gern. Da kann ich nichts verstecken und man sieht mich so, wie ich bin.

Hattest Du immer schon so eine positive Einstellung zu Deinem Körper?

Nein. Meine Jugend und Teenager-Zeit waren ganz schwer. Ich war auf drei verschiedenen Internaten. Einerseits war es eine tolle Zeit, die mich sehr geprägt und selbständiger gemacht hat. Aber ich wurde auch schlimm gemobbt.

Warum? Wegen Deiner Figur?

Wirklich dick war ich damals gar nicht. Ich war in der Pubertät, hatte Akne und sah aus wie ein Streuselkuchen. Erst wurde ich wegen der Akne gehänselt. Dann habe ich aus Frust gegessen und wurde aufgrund meines Gewichts gehänselt. Irgendwann bin ich in die Opfer-Täter-Rolle geschlüpft, habe den Spieß umgedreht und zurückgemobbt. Ich bin da bestimmt nicht stolz drauf, aber wenn man jahrelang fertiggemacht wird, platzt einem irgendwann der Kragen.

Schöner Wohnen: Die erfolgreiche Bloggerin, Influencerin und Podcasterin kennt sich nicht nur mit Mode aus, sie ist auch eine Expertin für Interior-Design.

> Traut Euch, Eure Figur zu zeigen. Und wenn Ihr Bikini tragen wollt, dann macht es einfach.

Trotzdem denkst du, du musst so werden wie die anderen, um akzeptiert zu werden. Ich habe damals unzählige Diäten gemacht, habe viel ab- und wieder zugenommen.

Was hat Dein Selbstbewusstsein gestärkt?

Das hat sich erst langsam entwickelt durch viele positive Erfahrungen. Ich bin gelassener geworden und mache mein Glück nicht mehr von meinem Gewicht abhängig. Gleichzeitig habe ich durch die Arbeit mit Sophia und an unserem Blog gemerkt: Jede Frau ist mal unzufrieden mit ihrem Körper oder hat so ihre Stellen, die sie nicht mag. Das ist auch komplett in Ordnung. Manchmal schauen wir in den Spiegel und denken: »Boah, richtig geil!« Und an anderen Tagen wollen wir am liebsten vor uns selber weglaufen. Solche Tage gibt es, aber die gehen auch wieder vorbei.

Was hilft Dir an solchen Tagen?

Wenn man wieder in so ein Loch fällt, ist es wichtig, etwas für sich zu tun und etwas, das einem Spaß macht: Geh' shoppen, fahr raus ins Grüne, gönn' dir eine Massage oder ein Glas Wein mit einer Freundin. Manchmal hilft aber auch einfach nur: weinen. Ein richtig guter Wein-Anfall ist so befreiend, man kann mal alles rauslassen. Und das darf man auch zulassen. Mir hilft es auch sehr, mir dann bewusst zu machen, wie gut es mir eigentlich geht.

Das ist ja auch Euer Ansatz beim Styling: das Positive in den Fokus rücken.

Unbedingt. Neben seinen persönlichen Problemzonen – bei mir sind es die Beine – hat jede auch Körperteile, die sie besonders mag. Und die gilt es, hervorzuheben. Ich mag mein Gesicht, meine Haare, meine Hände. Und – das klingt immer so blöd – auch meinen Po. Und mir gefällt meine Taille, die ich gern mit schönen Kleidern betone.

Was bedeutet Mode für Dich?

Mode ist einfach mein Ding. Wenn ich ein schönes Kleid finde, das mir auch noch steht, dann ist das ein Stück Glück für mich. Mode kann dafür sorgen, dass ich mich besser und selbstbewusster fühle. Und wer sich selbst schön findet, den finden auch andere schön. Dafür muss man kein Model sein.

Was hat sich für Plus-Size-Frauen auf dem Modemarkt getan in den vergangenen Jahren?

Es wird besser. Die Modeindustrie denkt langsam um und es gibt immer mehr schönere Kleidung auch für unsere Größen. Die Sachen könnten nur gern etwas moderner und cooler werden. Nicht jede dicke Frau möchte Katzen-Shirts mit Glitzersteinchen tragen.

Welche Marken machen gute Plus-Size-Mode?

Ich bin ein großer Fan von H & M, auch wenn sie das Plus-Size-Segment aus den Läden genommen haben und es nur noch online angeboten wird. Das deckt sich auch mit meinem Shopping-Verhalten. Ich kaufe kaum noch offline, ist mir viel zu stressig. Ich mag außerdem die Linie Violeta by Mango. Das Label Samoon zeigt oft tolle Kollektionen, auch Sheego, Studio Untold, Zalando und Zizzi haben schöne Sachen in großen Größen.

Manche Frauen sagen mehrgewichtig oder curvy. Du sagst dick oder fett. Warum?

Für mich ist das Wort erstmal wertneutral. Nicht anders als klein, groß, blond oder dunkelhaarig. Ich finde es auch nicht schlimm zu sagen, dass ich fett bin. Wobei das, ehrlicherweise, von der Tagesform abhängt.

Sinn für Styling: Als ehemalige Kunst- und Antiquitätenhändlerin weiß Verena, wo sie schöne antike Stücke findet, und setzt sie gekonnt in Szene.

Dream-Team: Mit ihrem Mann Max Hörl ist Verena seit 15 Jahren zusammen. Die größte Herausforderung für das Traumpaar: Hund Timon, ein rumänischer Straßenhund, ist gerade in der Pubertät.

BEST OF ...
VERENA PRECHTL

BLOG
Die eine ist schlank, die andere kurvig, zusammen sind sie The Skinny And The Curvy One. Auf ihrem Fashion- und Lifestyle-Blog zeigen Sophia Thorer und Verena Prechtl, dass sich jede Frau schön fühlen und anziehen kann, egal in welcher Konfektionsgröße.

INSTAGRAM-ACCOUNT
Auf @ms_wunderbar präsentiert sie sich ihren 120 000 Followern in wechselnden Outfits – mal in Red-Carpet-Robe, mal im Bikini, aber immer stylish.

KAMPAGNE
Unter dem Hashtag #RespectMySize setzten sich Verena und Julia Kremer (siehe auch S. 182ff.) Ende 2020 gegen die Diskriminierung von dicken Menschen ein. Sie wollten zeigen, wie alltäglich Bodyshaming ist und mit welchen Vorurteilen sie immer noch zu kämpfen haben.

PODCAST
Schluss mit Bodyshaming und Fettphobie. Aus der gleichnamigen Kampagne entstand der Podcast »Respect my Size«. Dort sprechen Verena und Julia Kremer über Body Positivity, Körperakzeptanz, erzählen von ihren Erfahrungen und machen anderen Frauen Mut.

Leider ist dick oder fett bei uns immer noch negativ besetzt.

Wir müssen die Wörter endlich enttabuisieren. Es sollte eine reine Zustandsbeschreibung sein, ohne Subtext, ohne Hintergedanken. Im Englischen ist das Wort fat völlig normal. Worte wie thick oder curvy sind dort sogar gleichbedeutend mit attraktiv.

Thema Dating: Wie hast Du Deinen Mann kennengelernt?

In München, auf einem Konzert. Das war offenbar der einzige Abend, an dem mein Mann mal ausgegangen ist. Er geht nicht so gern feiern. Das war vor 15 Jahren. Seitdem sind wir zusammen.

Haben es curvy Frauen schwerer, einen Mann kennenzulernen?

Kann ich schwer beurteilen, ich bin schon ewig raus aus der Dating-Nummer. Natürlich darf jede:r Vorlieben haben. Nicht jeder Mann findet dicke Frauen attraktiv, das muss auch okay sein. Ich habe ja auch meine optischen Präferenzen, mag lieber dunkelhaarige Männer mit Bart. Das allein ist noch keine Diskriminierung. Das Problem ist eher, dass einige Männer zwar auf dickere Frauen stehen, aber nicht mit ihr gesehen werden wollen.

Woran liegt das?

Das hat viel mit dem männlichen Ego und dem gesellschaftlichen Druck zu tun. Die Ablehnung und Vorurteile, die Frauen entgegenschlagen, werden dann auch auf den Mann übertragen. Nach dem Motto: Hat der keine andere abgekriegt? Hat er dagegen eine schöne, dünne, blonde Frau an seiner Seite, wird ihm anerkennend auf die Schulter geklopft.

Was hältst du von Body Positivity?

Dahinter steht, eine positive Einstellung zu sich und seinem eigenen Körper zu finden. Dieser Grundgedanke war für meine eigene Ent-

> Ich mache mein Glück nicht mehr von meinem Gewicht abhängig.

wicklung sehr wichtig. Um mich selber gut zu fühlen, war der erste Schritt, mich wohlwollend zu betrachten: Was mag ich an mir, was ist gut für mich, was macht mich glücklich? Das war eine ganz neue Erfahrung, denn Frauen neigen dazu, sich eher kleiner zu machen, als sie sind.

Body Positivity wird von vielen auch kritisch gesehen. Warum?

Der negative Aspekt ist, dass Body Positivity von der Schönheitsindustrie gern mal als Feigenblatt benutzt und von schlanken Frauen missbraucht wird. Mag sein, dass auch sie unzufrieden mit ihrem Körper sind. Aber ein Mini-Speckröllchen in die Kamera zu halten, verfehlt den Sinn der Bewegung. Es geht doch vor allem darum, Körper zu zeigen, die nicht der gängigen Norm entsprechen. Body Positivity ist nur ein Zwischenschritt. Irgendwann, und das möglichst bald, sollte jeder Körper ›normal‹ sein. Wir müssen uns endlich mal von diesen Bewertungen »nicht gut, nicht schön oder nicht schlau genug« frei machen. Aber wir können nicht immer nur darauf warten, dass andere etwas ändern.

Wie sieht Deine Unterstützung aus?

Wir Frauen in der Curvy-Community sind gut vernetzt, unterstützen uns gegenseitig. Mit Julia Kremer habe ich zum Beispiel die Kampagne #RespectMySize ins Leben gerufen, wo wir uns gegen Gewichtsdiskriminierungen und Body Shaming wehren. Zusammen machen wir auch den Podcast »Fett und Vorurteil«. Dort sprechen wir über Tabu-Themen rund ums Dicksein und vermitteln positivere Körperbilder.

Was hat sich in der Darstellung von dicken Frauen in der Werbung und in den Medien getan?

Wir sind auf einem guten Weg, verglichen mit dem, wie es noch vor fünf Jahren war. Aber egal, ob im Fernsehen, in den Illustrierten, in anderen Medien oder in der Werbung, es werden immer noch zu viele sehr schlanke und sehr weiße Menschen gezeigt. In den USA ist man da schon viel weiter. Dort wird mehr Vielfalt gezeigt. Menschen, die nicht der Norm entsprechen, sind in der Öffentlichkeit sichtbarer. Natürlich macht es was mit einem, wie dicke Frauen medial dargestellt werden. Wie viele andere auch habe ich früher gedacht, ich müsste so aussehen wie die Models in den Modekampagnen. Heute sage ich: Geh mir bloß weg mit Supermodels. Und so denken immer mehr Frauen.

Worauf bist Du stolz?

Allein schon, wenn mir Frauen schreiben, dass sie sich wegen mir wieder im Bikini ins

Freibad trauen, dann ist dies schönste Kompliment. Wenn ich heute auf mein vierzehnjähriges Ich zurückschaue, das wirklich verzweifelt war, hätte ich niemals gedacht, dass ich all das, was ich erreicht habe, jemals erreichen würde. Ich habe einen tollen Mann, was ich früher nie für möglich gehalten hätte. Ich habe eine schöne Wohnung und einen Job, der mir Spaß macht und von dem ich auch noch gut leben kann. Das ist ein schönes Gefühl und das macht mich glücklich.

Room-Service: Verenas ganzer Stolz – ein ganzes Zimmer nur für ihre Kleidung und ihre umfangreiche Designertaschen-Sammlung. Die sind ihr Guilty Pleasure.

‘Selbstbewusstsein und Selbstliebe kennen keine Kleidergrößen’

JULIA KREMER

Podcasterin | Bloggerin | Model | Aktivistin

Seit mehr als zehn Jahren ist sie erfolgreich als Bloggerin, Podcasterin und Model. Nicht nur das: Julia Kremer setzt sich auch aktiv gegen Fatshaming, Diskriminierung und die verletzende Macht der Worte ein. Für große Aufmerksamkeit sorgte ihre Kampagne #RespectMySize – und genau das fordert sie von jedem ein.

Was mit einem Fotoprojekt im Kunstleistungskurs auf dem Gymnasium in Neuss und einem Praktikum bei der Lokalzeitung begann, ist mittlerweile zu einem kleinen Imperium geworden. Wobei Julia Kremer bei dem Wort »Imperium« etwas schmunzeln muss. So habe sie das noch gar nicht betrachtet. Kann man aber. Unter ihrem Alias Jules SchönWild ist sie mit fast 100 000 Follower:innen als Contenct Creatorin erfolgreich, sie wird seit vielen Jahren als Model gebucht, hält Vorträge als Speakerin, gibt Workshops, berät Unternehmen und ist für Modefirmen eine begehrte Kooperationspartnerin.

Aber als sie im Sommer 2020 zusammen mit ihrer Freundin, der Influencerin Verena Prechtl aus München (siehe auch Seite 170ff) eine Aktion gegen Bodyshaming ins Leben ruft, wird ihr bisheriger Erfolg noch mal um einiges getoppt. Mit ihrer Kampagne #RespectMySize wollten die beiden ein weiteres Zeichen setzen für mehr Vielfalt in der Gesellschaft, ein Zeichen gegen die Diskriminierung all jener, deren Körperform nicht dem landläufigen Schönheitsideal entspricht. »Uns war es einfach wichtig, Bewusstsein für dieses Thema zu schaffen und die Leute zum Umdenken zu bewegen. Wir wollten denen eine Stimme geben, die jahrelang übersehen wurden«, sagt sie bei unserem Gespräch in ihrer gemütlichen Wohnung in Hamburg.

Auf Instagram posten Julia und Verena Fotos von sich. Darauf zeigen sie, mit welchen Bemerkungen und Beleidigungen sie nahezu täglich konfrontiert werden. Halten Schilder in die Kamera, auf denen die gängigen Vorurteile über dicke Menschen zu lesen sind: »hässlich«, »faul«, »fett« oder »undiszipliniert« steht. Gleichzeitig starten sie eine Umfrage in ihren Communitys, fordern dazu auf, eigene Erfahrungen zu posten. Innerhalb eines Tages erhalten sie Hunderte Nachrichten mit vielen sehr berührenden, aber auch erschreckenden Geschichten. »Wir haben mit allem gerechnet, aber nicht mit so einer überwältigenden Resonanz«, erinnert sich Julia. »Verena und ich haben diese Kampagne in nur wenigen Wochen, ohne Budget, aber mit ganz viel Leidenschaft und Support unserer Communitys auf die Beine gestellt. Wir waren überglücklich, dass die Aktion so viele Menschen erreicht hat.«

Tatsächlich, die Kampagne wurde auf anderen Social-Media-Kanälen wie TikTok, Twitter oder Facebook geteilt und löste einen regelrechten Hype aus. Die starken Bilder wirkten und sie wirken weiter, denn die Kampagne läuft immer noch. Bis heute wurden bei Instagram unter dem Hashtag #RespectMySize fast 25 000 Bilder gepostet, allein TikTok verzeichnete mehr als 20 Millionen Aufrufe. »Das war der Wahnsinn. Uns erreichten so viele Nachrichten, wie sehr sich die Menschen durch uns verstanden fühlen und wie dankbar sie dafür sind, gesehen und gehört zu werden.«

Und es ging noch weiter: An die Kampagne knüpften sich weitere Projekte an wie der gemeinsame und gleichnamige Podcast, in dem Julia und Verena mit vielen Vorurteilen aufräumen, die es über dicke Menschen gibt. Egal, ob zu zweit oder mit Gästen, ob wütend oder mit Humor: »Aber ganz wichtig ist uns dabei auch, positive

Für Influencerinnen unverzichtbar: Laptop und eine gute Kamera.

Go Feminin: Julia Kremers kleines Appartement in Hamburg ist in weichen, zarten, gedeckten Farbtönen gehalten. In dieser kuscheligen Umgebung fühlt sie sich wohl.

> ‘Ich wünsche mir, dass sich Sehgewohnheiten verändern und dass diverse Körper endlich die Sichtbarkeit bekommen, die sie verdienen.

Botschaften zu senden. In unseren Sendungen geht es ganz viel um Körperakzeptanz, Selbstliebe und Empowerment, genauso wie um praktische Tipps für mehr Selbstbewusstsein und mentale Gesundheit.« Der Podcast sei, sagt sie, ein Safe Space für alle, die lernen wollen, sich selbst zu akzeptieren. Unabhängig von Kleidergröße und Figur. Das Format funktioniert so gut, dass es sogar für den Deutschen Podcast Preis 2022 nominiert wurde.

Gegen Bodyshaming setzt sich Julia seit Langem ein, doch für diese Aktion gab es einen ganz konkreten Anlass. In einem Interview hatte eine Hotelbesitzerin gesagt, dass sie keine »übergewichtigen« Gäste mehr beherbergen wolle, weil sie Angst um ihre schicken Designerstühlchen hätte. »Als ich das las, hat es Klick gemacht«, sagt Julia. Da sei ihr zum ersten Mal wirklich bewusst geworden, wie selbstverständlich sich Menschen öffentlich verletzend gegenüber Dicken äußern, ohne dass jemand etwas sagen würde. »Das darf so nicht weitergehen. Wir haben uns schon viel zu viel gefallen lassen. Aber da war ein Punkt erreicht, wo wir sagten: Wir müssen was machen!« Sich zur Wehr setzen und nicht mehr alles hinnehmen, das hat Julia in den vergangenen Jahren gelernt. Statt den Ärger still mit sich allein auszumachen, konfrontiert sie ihr Gegenüber mit dessen Aussagen. »Wenn mich etwas verletzt, dann sage ich, dass es mich verletzt. Ich spreche es an. Der andere soll merken, was er mit seinen Worten angerichtet hat.« Bewusstsein schaffen, die Augen öffnen, die Leute zum Nachdenken anregen. »Wir gucken immer nur aufs Äußere. Das ist die klassische Blickdiagnose. Andere wissen doch gar nicht, welche Geschichte ich mit meinem Körper schon durchhabe. Deswegen sollte sich keiner anmaßen, über eine andere Person und womöglich noch über deren Gesundheitszustand zu urteilen.« Außerdem wüssten Dicke selber, dass sie dick sind, da müsse man sie nicht auch noch pausenlos darauf hinweisen.

Oft ärgert es sie aber auch, dass »wir den Menschen, die uns verletzen, immer erklären müssen, dass ihr Verhalten nicht okay ist. Kann man da nicht mal von selber drauf kommen?« Offenbar nicht. Sonst müsste Julia nicht permanent Aufklärungsarbeit leisten. Auf ihrem Instagram-Account @schoenwild präsentiert sie nicht nur tolle, neue Outfits, sondern auch ihre Erfahrungen mit Vorurteilen, die ihr im Alltag begegnen. Oft dreht sie kleine Videos dazu, pointiert, charmant, mit viel Sprachwitz. »Ich versuche immer, anderen die Hand zu reichen. Ihnen auf versöhnliche Art zu begegnen.« Bei all dem, was Julia schon alles erleben musste, zeugt das von sehr viel Größe.

Einer der Posts zeigt Julia beim Arzt beim regelmäßigen Check-up. Man sieht, dass ihr eine viel zu enge Blutdruckmanschette angelegt wurde, die tiefe rote Striemen an ihrem Oberarm hinterlässt. Als sie den medizinischen Fachangestellten fragte, warum er keine größere Manschette nehmen würde, habe dieser geantwortet, das sei ihm jetzt zu umständlich und würde nur unnötig Zeit kosten. Der Zuschauende ist genauso irritiert wie Julia. Sie kennt viele solcher Momente, gerade beim Arzt. »Wenn ich Beschwerden habe, bekam ich schon oft zu hören, ich solle erstmal abnehmen, ohne dass weitere Untersuchungen angeordnet wurden. Das kann bei akuten Symptomen fatale Auswirkungen haben.« Obwohl sie es besser wissen müssten, sähen viele Mediziner in höherem Körpergewicht immer noch die Ursache vieler Krankheiten, was nachweislich nicht stimmt (siehe auch Interview mit Dr. Antonie Post, Seite 73). »Das ärgert mich maßlos. Meine Werte sind immer topp. Ja, ich bin kräftig, aber ich achte sehr auf mich und meine Gesundheit und ich würde mir so sehr wünschen, dass die Mediziner den Menschen endlich ganzheitlicher betrachten.« Manchmal hört sie auch den Vorwurf, die Plis-Size-Bewegung und die Plus-Size-Influencerinnen würden Mehrgewicht verherrlichen. »Das ist doch Quatsch. Wir sagen doch nicht: Jetzt werdet alle dick! Was wir wollen, ist Respekt und zu akzeptieren, dass es unterschiedliche Körper gibt. Wir wollen einfach existieren dürfen, ohne ständig ungefragt kommentiert und abgewertet zu werden.«

Sie ist eine der ersten, die mit einem Plus-Size-Blog an den Start geht. »Am Anfang habe ich das nur hobbymäßig betrieben, eher wie ein Tagebuch«, sagt sie. Aufgewachsen ist sie in Neuss. 2008, zwischen Abitur und Studium, entdeckt sie die neuen Möglichkeiten von Social Media, entdeckt YouTube und Instagram, gleichzeitig habe sie auch Journalismus, Fashion, Fotografie und Beauty schon immer interessiert. Sie macht ein Praktikum bei einer Zeitung, später beim Radio und beim Fernsehen. Es dauert dann aber noch mal vier Jahre, bis sie sich mit ihrem Blog so richtig an die Öffentlichkeit traut. In der ersten Zeit dreht sich auf ihrer Seite alles um Mode und Make-up.

Stilbildend: Fotos mit unterschiedlichen Motiven, aber alle gleich gerahmt und in symmetrischer Anordnung sind ein gute Alternative zur Muster-Tapete.

BEST OF ... JULIA KREMER ALIAS JULES SCHÖNWILD

BLOG

Seit zehn Jahren betreibt Julia unter dem Namen »SchönWild« ihren Blog, auf dem sie ihre Leidenschaften für Fashion, Beauty, Lifestyle, Travel und Social Media vereint. Und sie gibt Tipps zur persönlichen Weiterentwicklung, denn ihre Intention lautet: den Frauen Mut machen.

INSTAGRAM

Perfektes Make-up, perfektes Styling: Unter ihrem Account @schoenwild präsentiert Julia die neueste Mode für curvy Frauen. Sie nutzt die Plattform aber auch für Anti-Diskriminierungs-Aktionen und Aufrufe an ihre Community.

PODCAST

Body Positivity, Körperakzeptanz und Empowerment, das sind die Themen des wöchentlichen Podcasts »Respect My Size«, den Julia zusammen mit der Influencerin Verena Prechtl betreibt. Offen sprechen sie über Vorurteile und berichten von ihren eigenen Erfahrungen. Ihr Ziel: Respekt für jede Größe.

»Damals gab es die Plus-Size-Nische noch nicht, in den Geschäften war ab Kleidergröße 42 definitiv Schluss. Wenn ich dann mal etwas ergattert hatte, konnte ich das superstolz auf meinem Blog präsentieren.« Seitdem habe sich im Modesektor einiges getan. »Marken wie Sheego, Ulla Popken, Bonprix oder Zalando unterstützen uns schon seit Jahren und sind mit uns gewachsen, nehmen sich unserer Bedürfnisse an und wissen, dass da ein riesiger Markt ist.« Denn mehr als die Hälfte der deutschen Frauen trägt eine Kleidergröße 42 und darüber. »Und dann wird immer so getan, als führten wir ein Nischendasein, dabei sind wir in der Mehrheit.« Die Fotos auf ihrer Seite sehen von Anfang an sehr professionell aus. Julia modelt seit ihrer Schulzeit, seit eine Freundin sie für ein Kunstprojekt fotografierte, in den Semesterferien verdiente sie sich ihr Geld als Model und Make-up-Artist. Auch heute noch wird sie regelmäßig für Shootings für Zeitschriften oder für Modefirmen und Fashionshows gebucht.

Vor neun Jahren ist sie nach Hamburg gezogen. Dort absolvierte sie eine Ausbildung zur Kreativ-Konzeptionerin an der Jung von Matt-Academy, die zu einer der renommiertesten Werbeagenturen gehört. Nach dem Abschluss arbeitete sie einige Zeit in der schwedischen Dependance des Unternehmens in Stockholm und macht sich direkt danach selbständig, weil sie sich nicht an den Komfort einer Festanstellung gewöhnen wollte. Julia Kremer möchte lieber frei sein, ihre eigene Chefin sein. »Mir war schon früh klar, dass ich einen Job machen wollte, bei dem alle meine Interessen zusammenkommen.« Als Bloggerin, Podcasterin und Social-Media-Strategin kann sie all das vereinen. »Das ist das Spannende an meinem Beruf, er entwickelt sich immer wieder in andere Richtungen. Und ich habe die Freiheit, neue Wege

Von einer besseren Zukunft träumen: So sehen moderne Kämpfernaturen aus, denn Weiblichkeit und Aktivismus sind für Julia Kremer kein Widerspruch.

Wenn Frauen sich nicht mehr klein machen, sind wir auf dem richtigen Weg. Erst dann können wir uns auf alles andere konzentrieren und der Welt zeigen, was in uns steckt.

einschlagen zu können.« Zunächst ging es hauptsächlich um Fashion, dann kamen die Themen Selbstliebe, mentale Gesundheit und die Anti-Diskriminierungsbewegung dazu.

Mit den Jahren seien auch ihr Selbstbewusstsein und ihre Stärke gewachsen. »Definitiv haben mir das Modeln und der Blog dabei geholfen, dass ich mich heute selbstsicherer und wohler fühle. Ganz wichtig ist auch der Austausch mit meinen Plus-Size-Kolleginnen, wir unterstützen und ermutigen uns gegenseitig. Mir hat auch das Curvy Magazine sehr geholfen, weil es dicke Körper repräsentiert. Das hat mir als junge Frau gefehlt.« Aber nicht nur das: Julia hat viel an sich gearbeitet, sie denkt viel nach und ist sehr reflektiert. »Eine ganz wichtige Erkenntnis war, dass gerade wir Frauen von klein auf lernen, uns und unseren Körper nicht zu sehr zu mögen. Findet man sich toll, gilt man gleich als arrogant. Das ist so derart kontraproduktiv. Darum habe ich entschieden, dass mein Körper nicht mehr mein größter Feind, sondern meine beste Freundin ist. Ohne ihn wäre ich nicht hier.«

Darum werfen sie auch Tage, an denen weniger Sonne scheint, nicht mehr aus der Bahn. »Es gibt immer Situationen, die herausfordernd sind, aber anders als früher stelle ich dann nicht mehr meine ganze Person infrage, sondern maximal einzelne Eigenschaften.« Dabei würde ihr auch helfen, Botschaften positiv zu formulieren, den Fokus auf die Stärken zu legen und Sätze ohne Verneinungen zu bilden, weil »dann im Kopf oft nur das Negative hängen bleibt«. Was Sprache und Worte anrichten können, das ist immer wieder ihr Thema.

Was wünscht sie sich für die Zukunft? »Ich wünsche mir, dass sich Sehgewohnheiten verändern und dass endlich alle Körper die Sichtbarkeit bekommen, die sie verdienen. Und dass die Gesellschaft dicken Menschen endlich ohne Vorurteile entgegentritt.« Genau dafür steht #RespectMySize. Die Kampagne war nur der Anfang, die Reise geht weiter. Über all ihre Erfahrungen mit verletzenden Worten und Diskriminierungen und wie sie es trotzdem geschafft hat, Selbstbewusstsein und Selbstliebe zu entwickeln, hat Julia Kremer das Buch »#Respect My Size« geschrieben. Es hat eine ganz wichtige Botschaft: »Sobald wir uns nicht mehr klein machen und lernen, uns in unserem Körper wirklich wohlzufühlen und gut für ihn da zu sein, dann sind wir auf dem richtigen Weg. Dann können wir uns auch endlich auf andere Dinge konzentrieren und die Welt verändern.«

Deutsche Originalausgabe

Ein Unternehmen der Média-Participations

Projektleitung: Veronika Brandt, Knesebeck Verlag
Fotografien: Tonya Matyu
Lektorat: Dr. Katrin Korch, Baden-Baden
Gestaltungskonzept, Layout und Satz:
Leonore Höfer, Knesebeck Verlag
Herstellung: Arnold & Domnick, Leipzig
Druck: Graspo as, CZ
Printed in Czech Republic

ISBN 978-3-95728-552-2

www.knesebeck-verlag.de

MIX
Papier | Fördert gute Waldnutzung
FSC® C010798